市場を創る
逆算思考

日本の「トイレ文化」を
世界に広げる

木瀬照雄
TOTO相談役

東洋経済新報社

はじめに

２０２０年の東京オリンピックに向けて、各企業が一斉に走り始めています。我々の住宅設備機器の業界も活気づき、ＴＯＴＯでも宿泊施設や競技場での受注に向けて準備が本格化してきました。少子高齢化が進む日本の将来を危ぶむ声もありますが、私は皆が本気で走れば、その先には明るい未来が広がっていると思っています。とくに今の若い人たちは優秀です。若い人が前を向き、自分の意見をどんどん出して仕事を進めていってほしいと思います。

新卒で入社してから社長、会長になるまで、私は約40年間の会社員生活を送ってきました。その間にＴＯＴＯでは「ウォシュレット」が発売され、累計３０００万台を超える主力商品に成長しました。また、トイレの「ネオレスト」シリーズ、浴室の「ほっカラリ床」、「魔法びん浴槽」などのヒット商品が次々に生まれました。

企業理念を考えたり、事業を革新したり、新しい商品を開発するときに重要だと思うのは、「こうありたい」という未来から逆算して、今やるべきことを考えることです。会社員としての自分自身も、またTOTOという企業も、この逆算思考によって、自分たちがやるべきことを見出し、新たな市場を創ってきたと思います。

肝に銘じるべきは、「過去の延長線上に未来はない」ということです。

またTOTOは創業当初から海外の市場も視野に入れてきた企業ではありますが、近年は、欧米から中国、その他の新興国市場へと生産拠点や販売網を大きく広げつつあります。

企業であるTOTOが大きく成長していくのと同時に、私自身も課長、部長と立場がひとつ上がるごとに視野が広がり、見える世界が大きく違っていきました。

その経験からいうと、会社員として大事なのは、自分より上の立場から物を見ることです。係長なら部長になったつもりで正しいか正しくないかを判断します。視野を広げると、会社全体の中での自分の役割が見えてきて、仕事に意味を感じられるようになります。会社が目指していることを理解し、自分の役割を認識したうえで、最大限やりたいことをやればいいのです。

新しいことを始めたり、間違っている仕組みを変えようとしたり、自分から動いて何かしようとすると、必ず反対する人が現れます。でも、会社にとっていいこと、お客様にとっていいことならば、味方もたくさんできるはずです。「こんなことしていいのかな」と感じたとしても、自問自答して本当に正しいと信じたならば、ためらわずに進めてください。

何かを変革しようとするとき、上司がGOサインを出しているのに、「本当に大丈夫でしょうか？」と不安になってしまって、一歩を踏み出せない人も多いのです。目先の目標の数字などにとらわれず、会社の大きな目標に照らして正しいか正しくないか判断し、正しいと確信したら徹底的にやる。若い皆さんには、そういう物の見方と行動力を身につけてほしいと願っています。


本書では、私が入社してから社長、会長を務め、そして相談役に就任することが決まった今日までに経験したこと、またそこから学んだことをまとめています。

第1章では、北九州市で生まれてから、地元の有力企業であるTOTOに入社して、仕事の基本を学ぶまでを振り返っています。

第2章では、「ウォシュレット」の市場創造と「リモデル」への取り組みを中心に、営業現場での経験を述べています。

そして、第3章では、「満足」を超える「感動」、「欲しいモノ」から「したいコト」へのニーズの転換をとらえるマーケティング発想の基本というべきことを論じています。

第4章では、「リモデル」を支えるTOTOの技術の進化を、第5章では、快適な生活文化を世界に広げる経営戦略について、述べています。

さらに、第6章では、正しいことを正しくやるという、仕事への取り組み姿勢の基本を、第7章では、逆算思考によって変革をリードするリーダーの心がまえについて触れています。

TOTOという会社で私が経験したことを中心とした話であり、住宅設備業界の話ではありますが、営業改革、商品開発、グローバル戦略など、他の業界にも共通する点は多いのではないでしょうか。

これまでのことを振り返ってみて、とくに私が感じるのは、社内外の多くの方々との出会いがあり、その方々の協力を得られたからこそ、ＴＯＴＯという会社も私自身も成長できたのではないか、ということです。

本書を通じて、「人との出会いを大切に」して、信頼を勝ち取ることが、すべての基本となることを、ビジネスリーダーもしくはその予備軍である読者の皆さんにお伝えすることができれば、著者として幸いです。

２０１４年３月

木瀬照雄

目次

はじめに　1

第1章　人に関心を持ち、人との出会いを大切にする　13

『日本の五人の紳士』に取り上げられた父　14
鹿児島のラ・サール高校へ進学　18
寮を抜け出し深夜の海水浴　21
京都大学時代の合宿で見た「お姫様のトイレ」　22
TOTOへ入社、経営の大枠を学んだ5年間　26
蒔いた種はいつか実を結ぶ　32
柏出張所の所長になり「ショールーム」をつくる　35
「ウォシュレット」発売直後の取り替え騒動　38
「おしりだって、洗ってほしい。」　41
[illegible]のための事業なのかを考える　45

目次

第2章 「リモデル」で新たな市場を創造する 51
「TOTOギャラリー・間」を立ち上げ 52
プロ向けのショールーム＝テクニカルセンターを開設 55
社長直轄の「ファンプロジェクト」がスタート 58
交通費精算まで問題を一つ一つ解決する 64
「リモデル」が日本を変えていく 66
「TOTOリモデルクラブ店」5000店をネットワーク化 70
足りないところは他社の力を借りる 74
リモデル効果で5年連続増収を達成 77

第3章 「満足」を超える「感動」を提供する 81
「好き」「面白い」「楽しい」のレベルを上げる 82
ショールームを営業の最重要拠点と位置づける 85

「ブレイクスルー思考」で業績回復 89
改善の余地が大きかった保育園、学校のトイレ 92
病院や高齢者施設のトイレの機能も追求 97
潜在的なニーズは至るところにある 99
お客様からのクレームは宝の山である 100
「欲しいモノ」から「したいコト」への転換 103

第4章
オンリーワン技術でありたい未来を実現する

107
「TOTOしかできないこと」「TOTOだからできること」 109
「トイレのベンツをつくれ」＝進化する「ネオレスト」 113
掃除の楽なトイレを実現した「セフィオンテクト」 116
少ない水量で洗浄できる「ハイブリッドシリーズ」 117
明確なビジョンが組織を活性化させる 119
開発では「何のために？」を考える 123
偶然が生んだ「ハイドロテクト」技術 125
世界初の技術を磨く 128

ユニバーサルデザインの重要性 131
使うだけでエコになる商品＝節水、省エネを追求 138

第5章
快適な生活文化を世界に広める 143

18の国と地域に拠点を置く 144
海外展開の三つのステップ 145
アメリカ事業の進退を現地市場を見て判断する 149
グローバル化する「ウォシュレット」 152
日本の「トイレ文化」を輸出していく 156
必要とされる企業ナンバーワンを目指す 159

第6章
正しいことを正しくやる 161

100年前の創業者たちのDNAを受け継ぐ 162
常に企業理念に立ち返る 166

被災地支援活動に取り組む社員たち 175
何のために利益を出すのか 178
三つの視点で自分の仕事を見直す 182
「正しいことを正しくやる」 185
長寿企業になるための三つの条件 189
「どうしたらできるか」を考える 190
営業・セールスのあるべき姿を考える 193
売上数字ではなく、プロセスを管理する 197
効率優先がもたらすデメリット 202
情報は一般論でなく固有名詞が重要 203

第7章

逆算思考ができるリーダーになる 207

10年後にどんな会社になっていたいのか 208
10年後のリーダーを見出す 210
リーダーとマネージャーの違い 212
経営塾でリーダー人材を育成 215

ダイバーシティが強みになる　216
6年間続けた「ブレックファストミーティング」　222
「必死のコミュニケーション」が欠かせない　224

第1章

人に関心を持ち、人との出会いを大切にする

『日本の五人の紳士』に取り上げられた父

終戦から間もない1947年、私は北九州の八幡で生まれました。二男一女の長男です。父は八幡製鐵所（現在の新日鐵住金）に勤めていました。両親は戦争中に結婚し、父は出征してビルマで終戦を迎えました。終戦の翌年に復員してきたら、自宅のあったところは一面の焼野原になっていたそうです。終戦直前の1945年8月8日に、アメリカ軍の戦略爆撃機B-29が八幡製鐵所を狙って爆撃したのです。焼野原に立った父は、てっきり母は亡くなったものと思っていました。

それからしばらくして、父は母の実家に挨拶の手紙を出しました。母は実家に帰っていて無事でした。それで初めて、両親は互いが生きていることを知ったのです。その一通の手紙がなかったら、私はこの世に存在していなかったでしょう。

父は真面目で頑固な人でした。私が3歳のときの記憶ですから、1950年ごろのことだと思いますが、アメリカ人の男性が家を訪ねてきました。のちに知日派知識人として活躍する、ジャーナリストのフランク・ギブニイさんでした。28歳の彼は、父にインタビューするために北九州までやって来たのです。私の父のほか、昭和天皇、朝日新聞の記者、旧日本海軍の中将で当時は日本製鐵の顧問を務めていた人、代々農業を営んでいる人について取材し、『FIVE GENTLEMEN OF JAPAN（日本の五人の紳士）』という本を書きました。

当時の日本は敗戦から5年、アメリカの占領下にありました。サンフランシスコ講和条約で日本が主権を回復する前年のことです。そのころのアメリカ人にとって、極東の小国である日本は謎の国でした。自分たちが戦った日本はいったいどんな国なのか。その疑問に答えようと、１９４６年、アメリカの文化人類学者ルース・ベネディクトは日本人論『菊と刀』を発表しました。アメリカ軍の戦時情報局での日本研究をもとに書かれたこの本は、日本でも話題になりましたが、ベネディクトは一度も日本の土を踏んだことがなかったそうです。

一方のギブニイさんは日本で取材し、五人の日本人を描くことで、アメリカ人に日本の社会を理解してもらおうとしました。日本の読者に対しては、「一人の外国人の目を通した日本の肖像画を献呈したい」と述べています。

『日本の五人の紳士』はアメリカで大変に評判がよく、ヘラルド・トリビューン紙などに長文の書評が掲載されたそうです。翌年の1953年には、300ページを超える邦訳が毎日新聞社から発行されました。高名な装丁家の青山二郎による、洋書風のしゃれた造本が目を引きます。ずっと後に私が京都大学に入学したとき、社会教育学の森口兼二先生の研究室にもこの本がありましたから、研究者にも読まれた本だったのでしょう。我が家の本棚にある一冊には、私の父が赤ペンで線を引きながら丁寧に読んだ跡が残されています。

この本はギブニイさんの処女作でした。ギブニイさんはその後、ジャーナリストとしてアメリカで活躍し、ポモナ大学環太平洋研究所の所長を務め、日本の新聞にもたびたび寄稿しました。アメリカにおける日本と東アジアの理解に貢献し、またアメリカとアジアの知的対話を推進したとして、1999年度の「国際交流基金賞」を受賞しています。

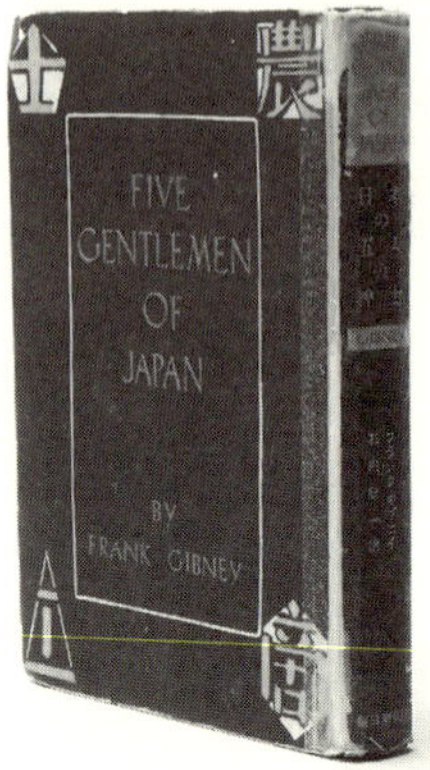
フランク・ギブニイ氏の著書、『FIVE GENTLEMEN OF JAPAN（日本の五人の紳士）』

『日本の五人の紳士』にも書かれていますが、私の曽祖父の惣三は鹿児島の薩摩藩の武士で、西郷家に仕えていました。西郷隆盛が明治政府に反旗を翻した1877年の西南戦争では、西郷が九州各地での戦闘から撤退し、鹿児島の城山に籠ったとき、ともに官軍と戦ったそうです。しかし、敗れた後は屋敷や田を少しずつ切り売りし、相当あった財産を使い果たしてしまいました。

惣三の孫にあたる私の父は、農村の暮らしのなかで、町に出て一儲けする夢を見ていました。15歳になると、その計画を自分の母親に打ち明けます。すると彼女は、町に出ても一、二カ月は生活できるお金をかき集めてくれました。父親には怖くて最後まで言い出せなかったそうです。

そしていよいよ1930年の夏、私の父はこっそり家を抜け出して汽車に乗り、鹿児島から北を目指しました。父親に黙って家を出ることは気がかりでしたが、故郷に錦を飾れるまでは帰らないと決めていました。

福岡県の小倉に出て仕事を探し、八幡製鐵所に採用されて、やがて熟練工になっていきました。ギブニイさんと会ったころの父は32歳、八幡製鐵洞岡工場の第二溶鉱炉の職工長でした。

「木瀬という人は多方面に興味を持った、何か強い信念に貫かれた物静かでがんこな男である」と描写されています。また、「部下十人を仕事の問題で助けるばかりでなく、彼らの家庭生活上に危機があればそれも助ける強い責任感をもっている」とも書かれています。

そんな父と私は、祖母を含め家族六人で社宅に住んでいました。八幡は八幡製鐵所の企業城下町のようなところです。私が子供時代を過ごした1950年代には、何本もの煙突から白い煙が上がり、たくさんの子供たちが駆け回っていて、町は活気にあふれていました。

鹿児島のラ・サール高校へ進学

幼稚園と中学2年の半ばまでを一緒に過ごしたのが、大相撲の第八代式秀親方（元小結大潮関）です。私たちは団塊の世代ですから、生徒の数は非常に多く、入学した高見中学校は一学年が11クラスもありました。教室の数が足りないので、私たちのクラスは理科教室に追いやられて、人体模型や蛇の標本に囲まれて昼飯を食べていたのを思い出します。私はだいぶやんちゃだったようで、廊下でのちの式秀親方と相撲をとって投げ飛ばしたこともありました。

小学生のときは、近所に住んでいる、似たような家庭環境の子供が多かったのですが、中学に入るとクラスメートにはいろいろな人がいました。中学2年のとき、舞鶴港から興安丸で北朝鮮に帰国した女の子もいました。私はその子は日本人だと思っていたので驚きましたが、彼女と仲良くしていたクラスの男の子は近くの駅まで見送りに行ったそうです。

貧富の差もありました。弁当を持ってこられない子がいる一方で、豪華な弁当を毎日持ってくる子、そして弁当のない子にちゃんと分けてあげる子もいました。急に大人の世界に足を踏み入れたようでした。

中学3年のときの担任の白金正利先生も忘れられません。先生は戦争中に満州（中国東北部）に駐在し、終戦時にロシア兵に捕らえられてシベリアに抑留され、日本に帰還してきました。生徒思いで、僕らを実によく見てくれました。先生がガリ版で作ったテスト用紙で、よく数学のテストをしたものです。成績の良し悪しにかかわらず、一人一人の力を伸ばそうと一生懸命でした。そのせいかクラスのみんなは仲が良く、50年以上たった今でもクラス会を開いています。

その白金先生が勧めてくれたのが、鹿児島のラ・サール高等学校への進学です。北九州と鹿児島とは広い九州の南と北で300キロ以上も離れていますが、当時からラ・サールは有名校で、私たちの一つ上の学年の生徒が二人進学していました。私は父が頑固で厳しかったので、少し距離を置きたい気持ちもありましたし、家を出て独立心を養いたいとも思っていました。それに鹿児島は父の出身地ですから、まったく知らない土地ではありません。

でも最終的に踏み切れたのは、先生が熱心に勧めてくれたからです。ただ、自分だけが行きたいと言っても親には許してもらえなかったと思います。先生が両親に話してくれて、受験できることになりました。

同じ中学からは四人の生徒がラ・サール高校を受けました。試験のときは、一人の裕福な家の子は別行動をとり、私たち三人は一緒に鹿児島に向かいました。白金先生はわざわざ付き添ってくれました。子供だけで遠くまで行くのは不安だったので、心強かったことを覚えています。

寮を抜け出し深夜の海水浴

鹿児島のラ・サール高校はカトリックの修道会ラ・サール会によって1950年に設立された男子校です。ラ・サール会は教育に生涯を捧げる修道士の集まりで、世界80カ国に1000校を超える学校を経営しています。函館ラ・サール中学校、高等学校は兄弟校にあたります。

私たちのころは入学すると一年生の大半が寮に入りました。今は新しい寮を建設中だそうですが、当時は体育館のような大部屋に二段ベッドがずらりと並び、何十人もがいっしょに生活していました。偶然ですが、二段ベッドで私の上段にいた先輩も、後にTOTOに入社していたことがわかりました。

消灯は夜10時です。あたりが静かになると、仲間と部屋を抜け出して海に泳ぎに行きました。フランス人の寮監が2時間ごとに見回りに来るので、布団を人の形にふくらませて寮を飛び出します。運動場を横切ってしばらく行くと錦江湾が広がっていました。

ところが、ある晩、とうとう寮監に見つかってしまい、こっぴどく叱られました。それでも懲りずに、今度は寮の横に新設されたばかりのプールで泳ぎました。音をたてないように、平泳ぎしかできなくなったのが残念でした。

ラ・サールの3年B組同級生には、NHKの経営委員長、鹿児島県知事、宮崎市長、日本郵政公社理事などになった人たちがいます。友人に恵まれた3年間でした。

京都大学時代の合宿で見た「お姫様のトイレ」

高校の卒業式をすませた翌日、私は鹿児島から列車で京都に向かいました。母の知人の弟さんが京都大学に通っていると聞き、その人の家に泊まって京都大学教育学部を受験したのです。教育学部を選んだのは、催眠術が寮で流行ったこともあり、臨床心理学に興味を持ったからです。大学入試の数学は、ラ・サールの授業に比べると、ずいぶんやさしく感じました。

京都大学に合格すると、その先輩に誘われて写真部に入りました。受験で先輩の下宿に泊まっている間に、入れ替わり立ち代わり写真部の仲間が遊びに来ていたので、入らないわけにはいかない雰囲気でした。それに私も子供のころから父のカメラを借りて写真を撮っていました。父は写真が好きで、二眼レフのカメラや蛇腹カメラで記念撮影をしては、写真をみんなに配っていたのです。そういうわけで入学前から京都大学の写真部員になっていた私は、自分も新入生なのに、入学式の日には新入生の勧誘を手伝っていました。

私が大学生活を送った1960年代後半は、全国の大学で授業料値上げ反対や学生の自治を求める運動が盛り上がっていました。京都大学でも授業は休講が多く、教室より写真部の部室にいた時間のほうが長かったような気がします。酒の味も覚えました。写真部の飲み会では、15キロの氷の塊に穴をあけ、そこにウイスキーを注いで回し飲みをしました。どのくらい飲んだかわかりません。

目の前が応援団の部室で、後に全日空の社長となったラ・サールの先輩の山元峯生さんがよく寝転がっていました。今、最先端の旅客機に「空飛ぶウォシュレット」が実現したのもこのときの出会いがきっかけとなっています。

こんな調子で、まじめとは言えない学生生活でしたが、親しくなった先生方もいました。社会教育学の森口兼二先生のゼミをとり、比較教育学コースの加藤秀俊先生の研究室にもよく遊びに行きました。

軽井沢にある加藤先生の別荘にみんなで泊まり込んで、農家の稲刈りを手伝いながら農村のライフヒストリーを調査したこともあります。個人情報が守られている今はとてもできませんが、長野県北佐久郡御代田町の役場で除籍簿をコピーさせてもらい、戦争によって通婚圏がどう変わったかを調べました。すると、戦前は多くの人が北佐久郡の中で結婚していたのが、戦中になると関東から疎開してきた人との結婚が増え、戦後は長野県内の相手との結婚が多くなっていることがわかりました。

また同じ御代田町にある中山道の小田井宿では、1862年に将軍徳川家茂に降嫁した皇女和宮が宿泊したという旧本陣を訪ね、お年寄りに話をききました。参勤交代のときは、男性は隣の追分宿に、女性はこの小田井宿に泊まったそうです。その家では江戸から明治に宿泊した人の名前が書いてある板を薪にしてどんどん火にくべていて、なんともったいないことをと思いました。昔のお姫様が滞在した部屋の一つでは、畳敷きの部屋の真ん中に木製のトイレがあり、これも印象に残っています。

加藤秀俊先生の紹介で、大阪で開催された日本万国博覧会の手伝いや、研究の下請けのようなアルバイトもしました。放送人の意識調査のアルバイトでは、東京まで行って、TBS、フジテレビ、文化放送などをまわり、アンケートをお願いしたり、「肝っ玉かあさん」などのドラマをプロデュースしていた石井ふく子さんにインタビューしたりしました。

入口にガードマンがいて簡単に入れてくれない放送局もあれば、ふらっと入れてアンケートにもしっかり答えてくれる局もあり、「社風」というものの違いを感じた初めての体験でした。ちなみに、石井ふく子さんとはその後、友人である西郷輝彦さんの縁もあってご自宅のトイレの改装をお手伝いしたり、お芝居でお会いしたりしています。

大学卒業後は地元の北九州に帰ることにしました。中学を卒業してから7年間、家を離れていたので、そろそろ戻ろうと思ったのです。当時は高度成長期ですから、就職先には不自由しませんでした。北九州には新日本製鐵という大企業がありましたが、ある程度、社員の顔が見える規模の会社のほうが自分に向いている気がして、東洋陶器（現在のTOTO）を選びました。

北九州にいた中学時代、ときどきバスで東洋陶器の前を通ることがありました。十三間道路と呼ばれていた未舗装のガタガタ道の向こうに、煙突から白い煙を上げている古びた工場が見えました。そのくらいのイメージしかありませんでしたが、中学の同級生の優秀な女の子が二人、高卒で入社して働いていたので、きっとまともな会社だろうと思ったのです。

TOTOへ入社、経営の大枠を学んだ5年間

入社試験は大阪で受けました。筆記試験、健康診断、大阪支社長と人事課長の面接を終えて京都の下宿に帰ると、その日のうちに電報が届きました。明日、北九州の本社に来るように、という文面でした。

こうして1970年に東陶機器に入社しました。その年の1月に東洋陶器から東陶機器に社名が変更されていました。一緒に入社した大卒の同期は三十数人。文系、理系がおよそ半々でした。当時の私は人と話をするのが大の苦手で、人事の面接で、「営業だけはできません」と宣言していたくらいです。それなのに北九州の本社の営業事業本部に配属されてしまい、結局、営業の最前線を歩き続けることになりました。

1970年に東陶機器に入社。新人研修時の研修担当者と同期の仲間たち。
後列右から2人めが著者。

配属された営業事業本部は、売上目標、需要予測、予算など、営業面での経営計画をまとめる部署です。ここにいた最初の5年間に、私は経営の大枠を学びました。戦時中に三菱重工業でゼロ戦の設計に携わっていた杉原周一さんが7代目の社長を務めていた時期です。

杉原さんはトイレ革命をテーマにしたNHKの「プロジェクトX」にも、社員を鼓舞する工場長として登場していますが、仕事には厳しい人でした。TOTO独自の経営理論も発表され、TOTOの中興の祖と言われています。

ちょうど私が入社した1970年に

始まったのが、〝カラー作戦〟です。トイレ、洗面台などの水まわりの衛生陶器は、昔から色は白と決まっていました。そこにピンク、ブルー、グリーン、イエローなどのパステルカラーを加え、全7色の「TOTOニューカラー」を発表したのです。トイレは「御不浄」、「はばかり」などと呼ばれ、まだまだ暗い印象が強かったのですが、それを一気に明るいイメージに変えようとするキャンペーンでした。

私もニューカラー発売の挨拶文と新しく作ったカタログを一つ一つ箱に詰め、全国の旅館やホテルに発送しました。販売部員は7色のシャツを着込み、7色の名刺を持って営業に行きました。工場、事務所の制服まで7色にしたら、メディアに盛んに取り上げられ、世間の注目を集めました。

私も恥ずかしさを感じながら、色とりどりの名刺を渡していました。このとき始まったカラーの衛生陶器は今ではすっかり定着し、好きな色を選べるのは当たり前のことになっています。

私が入社した1970年は、まさに右肩上がりの高度成長期でした。TOTOではその前の1960年代に滋賀工場、小倉第二工場、中津工場と相次いで新工場が建設され、商標が「Toyotoki」から「TOTO」に変更されて、新時代を迎える気運が高まっていました。

今から考えると夢のようですが、商品を作れば作っただけ、どんどん売れる時代でした。入社した4月の売上が28億円だったと記憶しています。年間で約384億円でした。翌年には約1・2倍の約454億円になりました。

私たちは売上、伸び率の見込みを担当部署にきいて売上利益計画を作っていましたが、毎年、予算の時期がくると徹夜続きでした。というのも、毎日のように目標が変わるのです。

夜9時ごろ、常務会に出ている営業本部長が倒れそうになりながら階段を駆け上がってきて、「悪い、また数字が変わった」と書類を手渡します。それから夜を徹して、事業部、広告宣伝、営業などの負担額を出していきます。数字がどんどん増えて、目標を作る意味があるのだろうかと思うほどでした。生産可能な数が目標値になっていました。

何とか終えて、椅子の上に横になって仮眠をとると、もう朝の会議が始まります。決算と中間決算の前の3カ月は、日曜も休まずに働きました。当時はワークライフバランスなど考えたこともありません。会社の運動会があっても、昼食の弁当だけ取りに行って、あとは黙々と机に向かっていました。パソコンどころか計算機もなく、そろばんと計算尺が頼りでした。あんまり大変なので、次の年には上司に頼んで、50万円以上するソニーの電卓を買ってもらいました。

この時期、TOTOは洗面化粧台を発売し、小倉の第二工場で鋳物の浴槽の生産を本格的に始めています。社長室長はのちに第十代社長となる白川宏さんでした。前日銀総裁の白川方明氏のお父様です。売上利益計画や需要予測など、経営の根幹部分についてはチェックの厳しい人でしたが、京都大学の先輩ということもあり、ときどき飲みに連れていってもらいました。

毎年のように自分で予算の数字を作っていると、数字の意味することがだんだんわかってきます。営業事業本部にいた最初の5年間に、損益計算書、バランスシートなど、簿記の知識を身につけ、この事業はこれぐらいのことをやらないとダメだ、という経営感覚を養うことができたのは貴重な経験でした。

また、社長、役員、支社長、部長が集まる営業会議が毎月あり、議事録を担当していたので、経営幹部の考え方から人柄までを知ることができました。まだ20代だった自分には学ぶことの多い、密度の濃い時間でした。

ただ、今のようなパソコンやICレコーダーがなかったので、議事録作りには苦労しました。オープンデッキの大きな録音機と何本ものマイクを会議室に持ち込んで録音するのです。テープを文字に起こすときにガチャンガチャンと巻き戻していると、すぐに壊れてしまい、部品をいくつ取り替えたかわかりません。

こうして仕事の現場でいろいろな人たちと働くうちに、入社当時、あれほど苦手としていた「人と会って話をする」ことが苦痛ではなくなっていきました。後々、同い年の宮本輝さんの小説を読んだことも影響したと思います。『泥の川』、『螢川』、『道頓堀川』の川三部作をはじめ、彼の新作が出るたびに通勤電車の中で読みました。作中人物の生き方に共鳴したり、自分とは違うな、と感じたりしながら、人間に対する興味が増していったのだと思います。

社会においても、企業という組織においても、人に関心を持ち、一人一人のよい部分を認めることが大切なのだということに、宮本さんの小説が気付かせてくれました。

蒔いた種はいつか実を結ぶ

高校、大学時代は男ばかりの中で過ごしてきましたが、入社してまもなく、同じフロアにいた女性と親しくなりました。彼女は三人姉妹の次女でした。仕事のあと家まで送っていくと、彼女のお母さんは男の子が珍しいらしく、腕を振るって夕食をたくさん作ってくれるのです。その料理がとても上手でおいしいので、毎晩のように彼女を送っては夕食を食べて帰るようになりました。

年の暮れが近づくと、お母さんと一緒に大きなブリを買いに行きます。頭の骨の固いところは私が切るのを手伝いますが、あとは全部自分で下ろして、お正月には刺身、煮物、カマ焼きなど、ブリづくしのごちそうが並びました。そして私は彼女と結婚し、現在に至っています。

入社から5年間を営業事業本部で過ごしたあと、1975年に東京の販売第二課に異動しました。妻ともうすぐ一歳になる長女と三人で北九州から東京に引越し、乃木坂の社宅に入りました。現在の「TOTOギャラリー・間《ま》」がある場所です。日当たりが悪く、畳からきのこが生えると言われた社宅でした。ベランダの手すりは排気ガスで真っ黒になっていました。

販売第二課の仕事は、三井、三菱、住友、東急などの大手ディベロッパー、住宅会社、中堅ゼネコンなどへの営業です。私は三菱系を中心に、三菱商事、三菱地所、東京海上火災、丸紅、小田急電鉄、フジタ工業、NKプレハブなどを担当しました。

いつ物件が出るかわからないので、とにかく毎週のように各社に顔を出し、きっかけを作っては相手と話して関係を築いていきます。そして物件が出たら、TOTO製品を入れてもらうように売り込みます。そうは言っても、相手と親しくなるのは大変でした。用もないのに人を訪問するのは辛いものです。相手が忙しいときは、「どんな用件ですか」と言われてしまいます。

月100件の訪問が目安でしたから、何かしら面白い話題を用意して、一日最低4件はまわらなくてはなりませんでした。だから新商品のカタログができると本当にありがたかったです。訪問の口実ができるからです。三菱重工爆破事件など、過激派による企業の爆破事件が続いていた時期なので、身分証明書を見せないと入れない会社が多く、東京というところは、どうしてこんなに面倒なのかと思いました。

この仕事はすぐに成果が出るものではありません。あるとき、横浜市の東戸塚駅前に建設中の大規模マンションで、ユニットバスを他社から当社の製品に替えるという情報が入りました。1000戸規模でしたから、これはうれしい出来事です。実は、私が担当していたディベロッパーの人が動いてくれたためでした。彼は何年か前にイラクに転勤になり、また日本に戻ってきたとき、ちょうどそのマンションが建設中だったので、全部TOTO製品に替えるように指示してくれたのです。私自身はすでに担当をはずれて異動した後でしたが、ありがたいニュースでした。蒔いた種はいつどこで実るかわかりません。

販売第二課に来て4年が過ぎ、その間、TOTOではインドネシアに初の合弁会社ができたり、茅ヶ崎に研究所が開設されたりして、1973年の第一次オイルショックから立ち直ろうとしていました。1979年5月末の夕方、上司から「明朝7時半に、会社近くの喫茶店に来るように」と言われました。翌朝、眠い目をこすって出ていくと、「明後日から行ってくれ」と転勤を言い渡されました。行き先は新設された千葉県の柏出張所。いよいよエンドユーザーの近くで営業をすることになりました。

柏出張所の所長になり「ショールーム」をつくる

入社から9年目の1979年、新設された千葉県の柏出張所の所長になりました。これまでの大手住宅メーカーやディベロッパーに対する営業とは違い、お客様までの距離がぐっと近くなりました。柏出張所は最初四人でスタートし、翌年にメンテナンスの担当者が加わりました。

1980年、柏出張所時代の展示会

千葉県の北西部に位置する柏市は、農地や里山の多いところでしたが、都心から20キロの通勤圏内にあるため、ベッドタウンとして開発が進められていました。1955年に4万5000人だった人口は、20年間に20万人を超え、まだまだ増え続けていました。1973年には駅前にそごうと髙島屋がオー

1979年〜80年、柏出張所では「燃える精鋭4人組」として活躍していた。
右から2人めが著者。

プンし、田舎町から郊外の中核都市へと大きく変貌をとげていました。

しかし、住宅設備機器の商売では、茨城県、埼玉県との境界に近いこともあり、ポッカリと空白地帯になっていました。そこを埋めるためにまずマップを作り、設計事務所、水道工事店などを一軒一軒こまめに回りました。まさに地域密着の仕事です。赴任した翌年の1980年には温水洗浄便座「ウォシュレット」、石油給湯機、ガス給湯機が発売され、次の年にはシステムキッチンが加わるなど、住宅設備機器が充実し始めた時期でもありました。

柏出張所に来て1年ほどたったとき、柏駅前の水道工事店の奥さんが所長の私を訪ねてきました。「ショールームをつくりたい」と言うのです。その店はショーウィンドーに電動工具が並んでいるような、あまり目立たない、電機店と兼業しているところでした。

当時、ショールームという概念は、まだ一般的ではありませんでしたが、私は面白いと思い、相談にのりました。社内の調整をして、設計施工会社に協力してもらって見積もりをとると、900万円というかなりの金額になりました。それでも計画を進め、洗面化粧台、シャワー、発売されたばかりのウォシュレットなどを展示するショールームが完成しました。

駅前の繁華な通りに面しているので、サラリーマンが朝晩、通勤の途中に通りかかります。ショーウィンドーを毎日見ている効果が出て、「洗面化粧台をつけて欲しい」といった注文が入るようになりました。近隣のマンションから、ちょっとした修理の電話もかかってくるようになり、店の売上は上向いていきました。

続いて我孫子のタイル店も、畑の真ん中にショールームを開設しました。ものすごく目立つので存在感が高まり、やはり注文が増えました。その年の冬に寒波が襲来したときは、破裂した水道管の修理の電話が次々にかかってきたそうです。修理を依頼されたとき、きちんと直してお客様の信頼を得られれば、「今度はお風呂の工事も頼もうかしら」と、次の注文につながります。

ショールームがまだ珍しかった時代に、お金をかけて開設した二つの店は、急速に売上を伸ばしていきました。ショールームで商品を見せることの大切さを実感した体験でした。

そのころ、私はリフォームにも興味を持ち、力を入れていました。リフォームは一件ごとに手間と時間がかかるので、効率の悪い商売と見られて、周りからは「アホやないか」と思われていました。でも、実際はそんなことはありません。「手すりをつけたい」、「ここも直したい」、「トイレを新しくしたい」など、一人のお客様から長期間にいくつもの注文をいただくので、トータルで見ると大きな売上になるのです。このときのリフォーム体験は、のちのTOTOの事業展開に大きく影響したと思っています。

「ウォシュレット」発売直後の取り替え騒動

さて、柏出張所でこうした経験を積んだ後、1981年に千葉営業所の所長になりました。前年に「ウォシュレット」が発売され、TOTOの営業力が試されていました。

「ウォシュレット」は従来の価値観を大きく変える、価値創造型の商品です。2011年には累計出荷台数が3000万台を超え、家庭での温水洗浄便座の普及率は7割を超えました。けれども、「ウォシュレット」が軌道に乗るまでには、並々ならぬ苦労がありました。

「ウォシュレット」の前身となった商品は「ウォッシュエアシート」といって、おしりを洗う水の温度をバイメタル式のサーモスタットで制御していました。そのため温度制御の性能が悪く、たびたび故障が起きていました。

それに対して「ウォシュレット」は、ICを使って温度を制御する画期的な機能を持っていました。仲の悪い「水」と「電気」を融合する技術開発に多くの苦労を重ねた結果、1980年6月に「ウォシュレット」が完成しました。

発売直後は、売上見込みを誤ったために商品が足りなくなり、割当制で販売していた時期もありました。そして少しずつ売れ始めると、次第にクレームの嵐に見舞われるようになりました。

おしりを洗う温水が突然、冷水に変わるという故障が発生したのです。原因をつきつめていったところ、電熱線が切れていることがわかりました。つまり、温水を常に38℃に保つために、一日1500回ものオン・オフの信号がヒーターに送られます。ヒーターの電熱線はそのたびに収縮を繰り返し、とうとう金属疲労を起こして切れ、温水が水になる不具合が生じていたのです。

いきなりおしりに冷たい水を浴びたお客様からは、怒りの電話がかかってきました。そこで当時の山田勝次社長は、壊れた部分だけを修理するのではなく、一式全部を取り替えるという決断をしました。

私のいた千葉営業所にも、取り換えた「ウォシュレット」が10台も20台も山となって積まれていました。毎日、昼ごろに倉庫から新しいものをお客様のところに持って行き、取り換えたものを回収してくるのです。それをビルの廊下に積んでいたら、家主に文句を言われたこともありました。

難しい判断だったと思いますが、何千台という単位にもかかわらず、一式全部を取り替えた社長の決断は正しかったと思います。もし損失を惜しんで部分的な修理だけで終わらせていたら、何回も故障が起こり、ますます信用を失っていたでしょう。もしかしたら、「ウォシュレット」という商品はなくなっていたかもしれません。

「おしりだって、洗ってほしい。」

取り換え騒動が収まり、生産が軌道に乗ってくると、私はますますセールスに励むようになりました。「ウォシュレット」は開発も大変でしたが、売るのも大変でした。今では誰もが知っている商品ですし、ないと気持ちが悪いという時代になりましたが、最初は、お湯でおしりを洗うという、まったく新しい文化でした。「おしりをふく」から「洗う」へ、「紙」から「水」へ、価値観を変えてもらわなくてはなりません。抵抗を感じる人は多いはずです。

みんなに認知され、よさを理解してもらうにはどうすればいいのか、現場の苦労は尽きませんでした。認知されるまでには3年近い月日がかかったと思います。何しろ今ほど下水道が整備されていない時代ですから、まだ水洗トイレではない家庭も多く、トイレに電源がない家がほとんどです。価値観がどうこうという前に、こうしたインフラの問題もあり、思うように普及しませんでした。

私は千葉の水道工事店をくまなく回りました。当時の工事店では、親父さん、つまり社長は、職人たちを集めて朝礼をしたあと、自分はゴルフに行ってしまうようなことがよくありました。だから一日中、店にいて、すべてを取り仕切っている奥さんが力を持っていました。

そこで、まず奥さんに「ウォシュレット」を割引価格で買ってもらって、自宅で使ってもらうことにしました。この商品は見ただけではわからないし、言葉で説明してもなかなか伝わりません。でも、使えば必ずよさがわかります。今までになかった新しい価値に驚き、3回使えば手放せなくなるはずです。

「古い便座を『ウォシュレット』に取り換えましょう、と促せば、新しい商売になりますよ」。そう言って、工事店の奥さんたちに売り込みました。自宅のトイレにつけて使ってもらうと、予想どおり、「これ、いいわね」と、友達にもお客さんにもすすめてくれるようになりました。口コミ効果でずいぶん広がりました。これこそ取替需要、価値を伝えて需要を創造する「リモデル」の原点でした。

次に地域ごとに奥さんと職人さんの二人をペアでホテルに招き、商品と取り付けの説明をしました。一人8台売ったら九州旅行に招待するという特典も付けました。お客様には展示会やチラシで認知を広げました。学生アルバイトが周辺のマンションにチラシを配り、ショッピングセンターで展示会を開くのです。ほとんどは新築ではなく取り替え需要でした。

月に何台売れれば工事店の採算がとれるのか試算したところ、28台という答えが出ました。工事店としては、「ウォシュレット」の取り付けを入口にして、浴室リフォームの注文などにつなげていくこともできます。また、電源が必要になるので、水道工事店の従業員が電気工事の資格を取るなど、仕事の幅を広げる機会にもなりました。それまで資金繰りに苦労していた工事店が、「ウォシュレット」を売り始めて息を吹き返した例もありました。

こうして需要は少しずつ伸びていきました。約束の招待旅行では、60人ほどの工事店の奥さんたちを、雲仙、長崎、熊本の温泉にお連れしました。参加したのは、ほとんどが50代以上の女性です。男性は販売代理店の専務、千葉営業所長の私、旅行会社の人など五人だけ。まだ30代半ばだった私は、年上の女性に囲まれてビクビクしていました。案の定、二次会のダンスパーティーではもみくちゃにされました。それも今では楽しい思い出です。

そのうちに、「ウォシュレット」の認知が爆発的に広まる機会がやってきました。1982年にタレントの戸川純さんを起用したテレビCMが放映されたのです。戸川さんが視聴者におしりを向けるポーズをとり、「おしりだって、洗ってほしい。」という斬新なコピーが流れました。コピーライター仲畑貴志さんの名作です。

仲畑さんはサントリーのビールやソニーのウォークマンのコピーを手がけていました。最初に「ウォシュレット」のコピーを依頼されたとき、「商品価値がピンとこない」とおっしゃったそうです。

すると「ウォシュレット」の開発に苦心してきたTOTOの開発者が立ち上がりました。彼は手のひらに青い絵具を塗って仲畑さんに差し出し、「紙でふいてください」と頼みました。仲畑さんが紙でふいても絵具はきれいには落ちません。「おしりだって同じです。水で洗えばきれいになります。これは常識への挑戦なんです」と開発者が話したところ、仲畑さんは仕事を引き受けてくれたそうです。

このCMは評判になり、一気に知名度が上がりました。しかし同時に逆風にもさらされました。トイレやおしりが登場するCMはタブー視されていたのです。しかもゴールデンタイムの夜7時を狙って放送したため、「食事の時間に放送するな」という抗議の電話が殺到しました。それでも、広告宣伝部の担当者がきちんと商品の説明をし、我々が自信と誇りを持って売っていることを伝えると、大半の人は納得してくれました。

1カ月後には抗議はほとんど来なくなりました。やはりモノの力だと思います。仲畑さんは、「おしりの気持ちも、わかってほしい。」、「人の、おしりを洗いたい。」などのコピーを続けて世に送り出し、長年にわたってTOTOの広告に関わってくださることになりました。後々、私が担当していた給湯機のコマーシャルに出演までしていただきました。

そんなわけで、ようやく「ウォシュレット」の人気に火がつきました。東京なら、ホテルやレストランなど有名な場所に納入して、来た人に体験してもらい、認知を広げる方法も考えられますが、千葉ではこの「奥さま作戦」が功を奏したと思っています。

何のための事業なのかを考える

「ウォシュレット」の成功で、「いいものは売れる」ことがわかりました。お客様を「感動」させる商品は必ず売れます。こちらは商品の価値を伝えながら、自信を持って売ればいいのです。いい商品だという思いがこちらにあり、お客様と自分の間に「価値の共有」ができれば、支持してもらえることを実感しました。「ウォシュレット」を売った経験は、私の考え方の礎となっています。

同じころ、千葉で取り組んでいたのが石油給湯機の販売です。1979年の第二次オイルショックの影響で、石油を使う給湯機は各社とも製品開発に消極的な時代でしたが、TOTOは「ウォシュレット」と同じ1980年に石油給湯機を発売しました。千葉県では石油給湯機が使われている地域が多く、取り替え市場があることもわかっていたので、徹底的に営業しました。

屋外に設置するボイラーですから、選ぶのはお客様ではなく水道工事店です。二人の新入社員を銚子や館山に派遣して、泊まり込みで水道工事店をまわらせました。最初はなかなか信用してもらえなくて、3カ月間、一台も売れませんでした。となると毎月の営業所長会は針のむしろです。横浜や埼玉の営業所長はマンションから500台、1000台のガス給湯機の引き合いがあるといった報告をしている中、目標を達成していないところは挙手するように言われ、毎月、手を挙げていました。

それでも、今の一台が将来につながると思い、一台一台売っていました。千葉営業所では、お客様からの電話を取った人が修理に行くようにしました。すると、「TOTOは故障すると社員が修理に来る」と評判になり、信頼されるようになりました。ようやく売れ始め、千葉県にTOTOの石油給湯機を広めることができました。

のちに東京の営業本部で商品担当をしていた1988年、石油給湯機のCMに出演したことがあります。その少し前に、開発部長が出演したCMが好評だったため、実際に商品を作ったり売ったりしている人が出たほうが効果的だということになったのです。

撮影スタジオに全国の担当者がずらりと並び、そこに主役の給湯機が登場します。私は作業服に身を包み、メガホンを持って元気に体操しながら、「新工場で新製品！」と叫ぶ役回りでした。放送が始まり、私の姿がテレビ画面に映し出されると、小学生の娘がいやがって、「学校に行かない！」と言い出したのには困りました。

新聞広告では地域ごとに担当者全員の写真を載せました。「おたくの息子さん、新聞に出てたわよ」と言われて、「あなた何か悪いことしたの？」と母親から電話がかかってくる社員もいました。

これらのCMや新聞広告は、消費者へのメッセージであると同時に、特約店、工事店へのアピールでもありました。自分のよく知っている担当者がメディアに登場することで、信頼感を高めようとしたのです。

ずっとあとの話ですが、石油給湯機は100億円売れば黒字になると言われていたのに、200億円売っても黒字にならず、また太陽光発電などの自然エネルギーの開発が進んできたこともあって、自分が社長になったときに撤退しました。

課長時代には浴槽でも撤退を進めたことがあります。当時、浴槽には鋼板にホーローをかけたものと、鋳物にホーローをかけたものがありました。鋳物はサビが進行しませんが、鋼板ホーローはサビが浸透して、放っておくと穴が開いてしまいます。これは大きなクレームになると思いました。

しかし、担当役員が撤退に反対でしたから、大ごとになりました。このまま続ければ将来修理に何億円もかかり、赤字になることは明らかです。今やめないと将来に禍根を残すことになります。でも、担当者は自分の担当する製品に愛着があるからやめられないのです。文句を言われながらも、事業部の人たちと協力し、鋼板ホーローを扱っている他のメーカーに商圏を譲り、アフターサービスなどをすべて頼んでから撤退しました。

撤退するかしないか、その判断の基準は、「何のためにこの事業をやっているのか」

ということです。会社の将来はどうあるべきなのか、今は何をすべきかを、とことん考えます。「その分野で世界最高の技術がある」、「世の中に貢献できる」という事業は少々赤字でも続けますが、他社が同じようなものを作っているのなら、自分たちがやる理由はないでしょう。

もちろん、利益率が低くても、戦略的に続けていく分野はあります。例えばキッチンです。今のリフォームは女性が主導です。主婦を最も引き付けるのはキッチンですから、ショールームには欠かせないものとして力を注いでいます。

第2章

「リモデル」で新たな市場を創造する

「TOTOギャラリー・間」を立ち上げ

私が社長になったのは歴代で上場以降最年少の56歳でしたが、それまでは決して出世が早いほうではありませんでした。入社以来、一つの部署に長くて5年、短いと1年半ぐらいしかいなくて、大体2、3年ごとに異動していました。単身赴任は合計16年に及びます。課長の時代が長く、その間にいろいろと新しいことに取り組みました。ここでは、いちばん面白かった、課長、部長時代の経験を振り返ってみたいと思います。

課長になったのは千葉営業所長を3年務めた後の1984年、37歳のときでした。東京支社の企画課長です。課のメンバーは、男性は自分一人で、あとは全員女性でした。この年、ロサンゼルス・オリンピックで柔道の山下泰裕選手が金メダルをとり、テレビではエリマキトカゲのCMが話題を呼びました。松田聖子や中森明菜ら80年代アイドルの全盛期です。日本の平均寿命は男女とも世界一になり、世の中は豊かさを享受していました。そんな中、私たちは「ウォシュレット」のさらなる普及のために「銀座トイレマップ」を作り、「ウォシュレット」の付いている店やスポットを紹介しました。

同じころ私が担当することになったのが、建築とデザイン専門の展示スペース、「ギャラリー・間《ま》」の立ち上げです。会社の社会貢献活動の一環でした。まだ若手だった建築家の安藤忠雄さん、デザイナーの川上元美さん、建築家でプロダクトデザイナーの黒川雅之さん、デザイナーの杉本貴志さん、グラフィックデザイナーの田中一光さんの五人でDAC（TOTO Design Advisory Committee）を発足させ、メンバーの発案によってギャラリーを作ることになったのです。名称には日本特有の概念を表す「間」の一文字をとりました。

乃木坂に新築中のオフィスビルの設計途中に変更してギャラリーにしたため、設計事務所やゼネコンとの折衝が大変でした。ギャラリースペースの設計が始まると、DACのメンバーから間取りや壁の色などさまざまな注文が入りました。それに必死で応え、1985年のオープンにこぎつけました。

第1回の展覧会は、カナダ生まれの建築家の思想と仕事を紹介する、「フランクO.ゲーリィの建築」でした。DACの五人には引き続きギャラリーの運営委員になっていただき、建築家やデザイナーの展覧会を続けてきました。入場を無料にして、建築を学

©藤塚光政
人間・時間・空間それぞれの間合いという、日本特有の概念を表象する「間」の一字を名称とした「TOTOギャラリー・間」。社会貢献活動の一環として運営する、建築とデザインの専門ギャラリー。

ぶ学生も気軽に来られるようにしています。
25周年の2010年には名称を「TOTOギャラリー・間」に変更し、建築家の安藤忠雄さんが特別顧問に就任しました。そして建築家の岸和郎さん、内藤廣さん、グラフィックデザイナーの原研哉さん、建築評論家のエルウィン・ビライさんの四人が運営委員を務めています。数多くのデザイン賞やメセナ賞を受け、2015年には30周年を迎えます。展覧会に併せて、採り上げた建築家やデザイナーの講演会を開き、TOTO出版と連動して関連書籍の出版も行っています。

プロ向けのショールーム＝テクニカルセンターを開設

業務の面では、北九州にあった営業の本部組織を東京に移すことになり、その受け入れ体制を整えました。各課に一台、パソコンを導入して、営業マンの社員番号を入れると日々の売上がわかるシステムを作りました。アップルがマッキントッシュを発売したころですから、オフィスではまだまだワープロが主流の時代でした。

企画課長の次は1986年に営業商品第二課長になりました。これも面白い仕事でした。当社のメインストリームはトイレですが、それ以外の新興分野の担当です。キッチン、風呂、洗面化粧台、給湯機、さらに増改築までカバーしていました。少数精鋭部隊だったので、当時の同僚でのちに役員になった人が何人もいます。

とくに力を入れたのはキッチンでした。当時は「ブルトハウプ」というドイツの高級キッチンメーカーとライセンス契約をして生産していました。しかし制約の多い高級品だけではなく、一般の人向けの普及型のキッチンもないと市場では戦えません。そのように提案して、結局、製品化にこぎつけましたが、当時の社長以下、経営陣に反対されたこともありました。

その後、営業企画課長を経て部長になったのは1992年、バブル経済が崩壊したものの、余韻がまだ残っていた時代です。私はテクニカルセンターの開設に取り組みました。建築家や住宅会社の方々など、建築のプロのための予約制のショールームです。

設計者をはじめ、各分野の専門家を招いて、「車いすの場合はトイレにどのくらいのスペースが必要か」、「イメージに合う空間を作るにはどんな材料を使えばいいか」、「節水タイプの便器の洗浄力は大丈夫か」といった実験のできるプレゼンテーション空間にしました。例えば、デパートのトイレならこんなことができますよと、プロに提案するわけです。これは世田谷区の桜新町のビルを新築する機会に実現しました。

現在は、東京（南新宿）、大阪、福岡の3カ所にテクニカルセンターを置き、専門家とTOTOのコラボレーションの場として機能させています。大阪と福岡のセンター内にはバリアフリーラボもあり、実物大のトイレ空間の中で、壁、便器、手すりなどの位置を自由に動かして、部屋の広さ、使いやすい手すりの高さなどをシミュレーションすることができます。節水、防汚などの技術を目で確認できるコーナーもあります。

「テクニカルセンター」の「ブランドコーナー」では、TOTOの歴史や代表的な現場事例を紹介しているほか、節水や清掃性、防汚効果など、写真や解説だけでは、わかりにくい技術を、目で確認できる。
また、子供に適したトイレについても、子供の成長に合わせてスペース全体の間取りから提案している。

また、商業施設のトイレ、バリアフリーの水まわり空間など、テーマ別のセミナーを開いているほか、水まわりの利用者の意識調査データや、動作検証映像、施工事例など、最新の情報も提供しています。

もうひとつ、この時代に新設したのが、静岡県御殿場市の東富士研修所です。北九州の本社にしか研修施設がなかったため、東富士に保養所をつくる計画が持ち上がったときに、商品研修、セールス研修、ユニットバスの組み立ての研修などもできる大規模な研修センターを併せてつくることを提案しました。1カ月間、缶詰になって研修を受けることもできます。今では連日、研修が入り、なくてはならない施設となっています。

社長直轄の「ファンプロジェクト」がスタート

営業企画部長をしていた1994年の秋、突然、当時の副社長に呼ばれ、北九州の本社の社長の元に行くようにと言われました。私が46歳のときです。同期二人も一緒でした。社長から、新しく研究所で開発した高性能ファンを事業化するように命じられ、10

月に本社に転勤して、新規事業リーダーになりました。

同期の二人の他に実務担当として、商品開発、生産企画、研究、営業の四人が参画しました。七人の侍による、社長直轄の「ファンプロジェクト」です。早速、コンサルタントを呼んで3日間の合宿をし、プロジェクトのゴールとプロセスを決めてスタートしました。

しかし、数多くの困難にぶつかりました。小さなプロジェクトですから、自分たちで設計、購買、モノづくりまでやらなければなりません。研究所の出してくるデータは、最もいい条件下でのベストの数字です。そこから大量生産を可能にして商品化するまでには、いくつものハードルがありました。研究所でのチャンピオンデータどおりに決して物はできないこと、商品企画・戦略、小さいながらも製造ラインの立ち上げ、部品調達、品質保証の考え方などを学び、多くの点に改革の可能性があることに気付きました。営業一筋で来たものにとって、この経験は社長に就任した後、大変役に立ちました。

最初に直面したのは、研究所で開発された多層円盤ファンが、とてつもなく複雑な構造をしており、生産のための型を制作する困難さに加え、コストがかさむことでした。一機種だけ、洗面台の足元に付ける脱臭ファンとして採用されましたが、それも早々にあきらめ、研究所と共同で今度は高性能ラジアルファンを開発しました。多層円盤ファンに比べれば多少は静音性に劣るものの、十分な風圧を確保でき、構造も比較的簡単なものが出来上がりました。

このファンをメーカーに売り込もうと、大阪の家電メーカーの研究開発担当者に集まってもらい、エアコンの脱臭ファン向けのプレゼンテーションをしたこともあります。トヨタの乗用車の脱臭ファンに一時採用されたこともありました。小型で音も静か、そして風力もあるので、多くのメーカーがプロジェクターの冷却ファンに採用しました。その後、モーターとセットのほうが小型化でき、コストも安くなるということから、この技術をモーターメーカーに譲渡しました。

しかし、私たちの目標は単体のファンを事業化することよりも、我々の事業ドメインである水まわりの空間で他社を凌駕するような製品を開発し、事業として確立することにありました。そこで、ＯＥＭ商品として取り扱っていたハンドドライヤーの自製化に取り組み、開発から生産ラインの立ち上げまで、やり遂げることができました。当時の担当者が製造部長として引き継ぎ、改良が重ねられ、今では「クリーンドライ」と名付けられ、パブリック空間のトイレになくてはならない商品となっています。

そしてファンプロジェクトが最も貢献できたのが浴室換気暖房乾燥機でした。浴室に洗濯物を干せるようにするもので、現在は「三乾王」という浴室換気暖房乾燥機になっています。当時、TOTOの特別仕様のユニットバスには電機メーカーの浴室換気暖房乾燥機が使われていました。それが新築の高級マンションに採用されるケースが出始めていたのです。

私はこれまでの物件の浴室の換気扇からの取り替え需要がないものかと、いろいろな地域のリモデルクラブ店（70ページ参照）にきいて回りました。すると、取り替え工事のための工具はあるものの、電気工事の資格が必要なこと、ユニットバスの天井を切り取ることに湿気漏れの点で抵抗があること、北海道では断熱のために換気扇は取り付けていないことなどがわかりました。

それなら新築マンションを狙うしかないと調べたところ、ユニットバスとセットで発注されるケースのほかに、電気工事として浴室乾燥機だけ別発注されるケースも多いことがわかりました。

開発においては、衣類の乾燥のメカニズムを詳細に研究しました。室温を上げて衣類の表面の水分が蒸発すると、中の水分が続いて表に出てくること、湿度が上がると蒸発が止まるため、途中で換気が必要なこと、高性能ラジアルファンの特長である風圧の強さで丈の長い洗濯物も乾きが早くなることなどが明らかになり、強みを持った商品ができると思いました。

それまでのヒーターはニクロム線が使われていましたが、性能や安全性からセラミックヒーターを採用することにしました。

品質テストは屋外での大掛かりなものになりました。200ボルトの電圧をかけてヒーター部にシャワーで水をかけ、大丈夫かどうか調べるのです。ヒーター納入元の当時の九州松下電器の技術者も「ここまでやるのか」というくらい、いろいろなテストを実施しました。

技術部門からは、TOTOとして初めての部材だから問題がある、制御回路がブラックボックス化されているので認められない、といった反対がありましたが、制御については専門メーカーの力を信用し、責任はすべて我々のプロジェクトが持つということで事業がスタートしました。私はプロジェクトリーダーと営業責任者を兼任していたので、発売とともに開発者を東京に派遣し、ディベロッパーやゼネコンにPRして、多くのマンションに採用していただきました。

最初のクレームが東京のお客様から上がってきました。早速、いちばん若い開発者に出張を命じました。彼は「僕が行っていいんですか？　これまでの事業部では、そんなことはさせてもらえませんでした」と言って出かけていきました。クレームの原因は乾燥時間を節約してすぐにスイッチを切るので、湿気がファンのケースにたまって浴室換気扇として運転しているときに身体に水がかかるということでした。現場に行かなくては、決して原因はつかめなかったと思います。新品に交換してもまた同じ現象が起こっていたでしょう。

解決法は簡単です。ファンのケースに1ミリくらいの穴を開けておけばいいのです。お客様は我々の想定外の使い方をすることがある、現場・現物を見ないと本質はつかめないと心から思いました。後に社長になって品質保証委員会を立ち上げたときに、新製品の第一番目のクレームには、必ず開発者が現場に行くことを義務付けました。

当初、社長直属のファンプロジェクトとしてスタートしましたが、半年後の1995年度には技術系の副社長の担当となり、名前も「Fプロジェクト」に変わりました。さらに半年後には「ファン事業推進プロジェクト」となって技術本部長の担当になりました。だんだんと事業としての形が見えてきたことによる変化だと思います。私にとっては、この充実した一年半は新しい経験ばかりで大いに楽しむことができました。

交通費精算まで問題を一つ一つ解決する

１９９６年には経営戦略室次長になり、同じ年に取締役として経営戦略室長に任じられました。ＴＯＴＯは中国、アメリカに本格的に進出を始めましたが、国内の景気は低迷し、企業はリストラを求められるようになっていました。私も業務の効率化に取り組み、ワークフローの見直しとメールシステムや稟議決裁システム、社員の日報がすぐに見られるネットワークシステムを構築し、クレームなどにも迅速に対処できるようにしました。

同時に旅費交通費の精算をシステム化したことがとくに思い出に残っています。それまでは営業所にいる社員が交通費の精算書を出すと、支社の担当者、課長、部長、支社長が順番にハンコを押し、今度は九州の本社に送られて、人事の課長、部長に回され、次に経理の担当者が間違いがないかどうか計算し、経理課長、部長……というように、

12個のハンコが必要でした。

これでは誰も責任をとらないのと同じですし、出張で使った経費は3カ月後にならないと入金されないという状態でした。経理で出張旅費のチェックをしている女性にきくと、1年間の間違いの総額は100万円に満たないというので、チェックのために人を雇うより、コンピューター処理したほうが効率的と判断しました。

ところが、その仕組みを話し合うための会議を開いたところ、経理部門の課長が「不正が起こるから絶対にやめてほしい」と言うのです。中間管理職の彼は、自分の仕事がなくなることに不安を感じて抵抗していました。それでは話が進まないので、次回の会議では担当役員に出てきてもらい、領収書は直属の上司が責任を持ってチェックすることにして、システム化しました。

1998年に大阪支社長になったときは、支社の全社員がパソコンを一人一台、使えるようにしました。今では当たり前ですが、当時は一台ずつではない会社が多かったと思います。社内には、「本社も一人一台じゃないのに……」と言う人もいましたが、導入して効率化を図らないことには、500人の部下を統率していくことは不可能でした。

課長、部長の時代の仕事には、見つけた問題を一つ一つ解決し、次々に新しいことを実現していく充実感がありました。

「リモデル」が日本を変えていく

ＴＯＴＯの売上を急伸させたのが「リモデル」です。これはリフォームとも言いますが、トイレや浴槽が壊れたり古くなったりしたとき、単に設備機器を新しいものに交換するだけではなく、壁や床、扉や窓などを含めて空間ごと新しくすることです。

当社は１９９３年に「リモデル宣言」をしました。ウォシュレットの導入をきっかけに、トイレやバスルームをリフォームして生活価値を高めることを提案したのです。世間ではバブル崩壊後、中野孝次の『清貧の思想』が話題になるなど、これまでの繁栄の時代を見直そうとする空気が生まれていました。

名称を「リフォーム」ではなく「リモデル」にしたのには理由があります。「リフォーム」というと、古くなったものを新しいものに替えるイメージですが、我々の手がけるリモデルは、単にモノを取り替えるだけではありません。他とは違うＴＯＴＯらしさを出したいという意図もあり、あえて「リモデル」という呼び方にしました。

ヒントになったのは、アメリカで使われている、「リ・モデリング」という言葉です。生活に合わせて作り変える増改築工事のことを言います。「リモデル」もライフスタイルの変化に合わせて、新しい生活スタイルの提案を目指しました。

聞き慣れない言葉なので、当初は社内外から「意味がわからない」という意見が寄せられました。20年たった今では定着してきて、積水ハウス、三井ホーム、東京ガスをはじめ、他の会社でも使われるようになっています。日本が貧しかった時代は、壊れたものを取り替えるだけで精一杯でしたが、暮らしが豊かになり、快適さを求める人が増えています。それに応えるのがリモデルです。

1993年当時、当社における新築物件とリモデルの売上比は、新築が圧倒的に多くを占めていました。けれども景気が下り坂になり、住宅着工件数の増加が見込めないとなると、将来的にリモデルでナンバーワンにならないと生き残ることができません。新築着工件数に左右されない経営体質を構築するため、国内活動のすべてをリモデル中心にシフトさせていきました。

営業活動も大きく変えました。リモデル事業は、とにかくショールームにお客様を呼びこむことが大事です。全国に約１００カ所あるショールームでイベントを行い、広告キャンペーンを展開して、リモデルに注力しました。２００２年度に新築とリモデルの売上比は逆転し、リモデルが新築を追い越しました。

リモデルの大きな転換点となったのが、私が社長に就任した２００３年に出した「リモデル新宣言」です。当時、新設住宅着工戸数は１９８７年の１７０万戸をピークに１２０万戸に落ち込み、当社の売上も下降していました。回復のための新たな施策として、目に見える顕在需要に応えていたリモデルを、需要創造型に変えたのです。

どういうことかというと、旧来のリモデルは「困った」を「よかった」にする、いわばソリューション型でした。例えば、トイレが壊れたら節水型の新しい商品に取り替えます。それだけでもお客様は喜んでくださるのですが、トイレや風呂が壊れていなくても、「こうするとより快適になりますよ」ということを提案して、新たな需要を喚起するのです。

風呂やキッチンは15年、トイレは40年も放っておかれることが少なくありません。その間にトイレ、浴槽などの機器のほうは、節水、掃除のしやすさ、使い勝手などが大きく進化し、デザインも洗練されています。故障で困っていなくても、家族団らんのキッチンとか、孫との入浴を楽しめるお風呂など、こちらからさまざまな提案をすれば、お客様は今まで知らなかった快適で便利な生活をイメージすることができます。つまり、「モノ需要」から「コト需要」への転換です。新しい生活価値を提案することで、需要を創造するわけです。

このリモデルによって、私たちはお客様に「期待以上の満足を提供する」ことを目指しました。何においてもそうですが、単に「満足した」というのと「感動レベルの満足」では大きく違います。人は感動すると必ず周囲の人に伝えたくなります。ウォシュレットの快適さを知った人は、こちらが黙っていても、「うちのトイレはこんなにすごいのよ。あなたもＴＯＴＯにしたら」と口コミで広げてくれます。

私は過去に何度もそういう経験をしてきました。新しい生活を提案することによって、お客様に期待以上の満足を提供する。「満足」を超える「感動」を提供するのが新リモデルなのです。

「TOTOリモデルクラブ店」5000店をネットワーク化

この「リモデル新宣言」をしたころ、あるハウスメーカーの社長は、「5000万円、1億円単位の金額になる新築に比べると、リフォームは一件100万円に満たないこともある。そんな手間はかけられない」と話していました。しかし、新設住宅着工戸数は2009年には79万戸まで減少し、需要は完全にリフォームに移っています。ハウスメーカーも次々にリフォーム専門の子会社を設立し、最低でも自分たちが建てた家は自分たちでリフォームしようと力を入れています。

リモデルはトイレ、浴槽などの商品だけあればできるわけではなく、実際の取り付けは地域の水道工事店や工務店が行います。これらの施工会社は地元に密着し、お客様の家に伺って、その要望を熟知しているわけですから、我々にとっては大切な存在です。

そこで、リモデル宣言の翌年の1994年に全国の水道工事店、工務店、リフォーム店、建材店などをネットワークで結び、「TOTOリモデルクラブ店」としてブランド化しました。地域の人に信頼されて事業を継続していること、住宅関連事業に関しての知識と技術があることなど、要件を満たした店が加盟しています。今では全国に約5000店あり、コンテストに入賞したリモデルクラブ店数百店を対象に表彰式なども行っています。

1996年には、横浜ショールームを活用していたリモデルクラブ店が集まり、「神奈川店会」が発足しました。この活動を参考にして、全国のショールームを核とし、各エリアにリモデルクラブ店会ができていきました。

それまでは、同じ地域の店は互いにライバルという意識が高かったのですが、重要なのは地域のお客様の役に立ち、どれだけ感動させることができるかです。次第に、同じ地域の店が集まって、潜在需要を掘り起こすにはどうしたらいいか、もっとリモデルの良さを知ってもらうにはどうしたらいいかなどを話し合う土壌ができていきました。ライバルだからと敬遠するのではなく、どちらもが利益を享受できる「ウィンウィン」の関係を築こうとしています。現在では各地で自主的な交流会や勉強会や商談会の実施などが始まっています。

北海道から沖縄まで、各地のリモデルクラブ店会の活動を共有する場として、

２００７年からは「全国ＴＯＴＯリモデルクラブ店会交流会」を開催しています。大会ではそれぞれの会が自分たちの取り組みを発表するので、遠く離れた店の事例を知ることができます。

地域密着の店ですから、半径５キロから10キロが商圏で、それほど重なり合っているわけではありません。皆で協力して地域の需要を掘り起こそうと、互いに知恵を出し合い、情報を共有しています。優秀店の表彰やコンテストを見て、あそこの誰々さんはすごい、と評判になり、そうした事例に刺激を受けて、リモデルクラブ店会が自主的にショールームで展示会やお客様相談会を開くようになりました。リモデルすることはお客様にとって本当にいいことなのだという価値観のもと、懸命に取り組んでいます。

私が「ＴＯＴＯリモデルクラブ店会」の人たちにフェイスブック（facebook）を勧めたところ、ネット上に全国のリモデルクラブ店の人たちが集まる場ができて、勉強会などに活用されています。東日本大震災のときも、被災地のリモデルクラブ店の状況を全国の同業者がフェイスブックで見て、福島にミネラルウォーターを送るなど、支援に動き出したこともありました。

震災の翌年には、東北支援ということもあり、仙台で「全国ＴＯＴＯリモデルクラブ店会交流会」を開催しましたが、このときもフェイスブックが運営に活用され、希望者を募って被災地訪問などが行われました。最近も四国の女性の呼びかけで、全国のリモデルクラブ店の女性が東京のショールームに集合し、「TOTOキッチンを語る会」が実施されました。キッチン担当の事業部長や開発部長にとって宝物のようなご意見、ご提案をいただきました。夜の新宿での懇親会は大いに盛り上がり、朝方まで続いたようです。

リモデルクラブ店の数は現在の5000店で十分だと思っています。すべての店を一様にレベルアップするのは難しいので、今後はその中から、お客様の期待にきちんと応えられる店をしっかり支援していきたいと考えています。リモデルクラブ店の中には、独自の特色を出して頑張っているところもあります。ある店では、骨髄損傷している人でも入りやすいお風呂など、障害を持つ人やケガをした人のためのリフォームを専門に研究しています。

当社の製品だけではなく、他社製品を扱っている店も少なくありません。リモデルクラブ店の発足当初より、当社の製品だけを扱うという縛りはしないようにしています。なぜかというと、当時からリフォームに力を入れていた私は、TOTO製品だけでは要望に十分応えられない場合があることや、お客様が部分的に他社の製品を希望する場合があることを知っていました。水道工事店や工務店は、お客様と直に接していますから、その要望をしっかりつかんでいます。お客様に近いところにいる人の選択を尊重したほうがいいと考えたからです。

足りないところは他社の力を借りる

リモデルでは、トイレ、洗面化粧台といった住宅設備機器だけではなく、リビングや寝室の間取りから壁、窓まで含めたトータルな提案が求められます。そのため、2002年に、壁、床、天井などの建材のトップメーカーである大建工業と、窓、玄関、エクステリアなどのトップメーカーであるYKK APとリモデル分野で業務提携しました。当社単独ではできない部分は他社の力を借りて、お客様の要望に応える仕組みを作ったのです。

三社のネットワークにより、空間全体のコーディネートが可能になりました。商品企画、開発、販売などで協力し、相乗効果で市場での競争力を高め、お客様の期待を超える提案ができるようになっています。

企業が業務提携をするときは、その分野で一流の会社と組まないと意味がないと思っています。住宅関連メーカーの中には、何でも取り込んで、どんどん分野を広げていくところもありますが、どうしても特定の分野に重点が置かれ、他のどこかが疎かになりがちです。

それよりも、当社は水まわりに特化し、最高の技術でお客様に価値を伝える。他の分野は本当に強いトップの企業と組む。このほうが絶対に強いのです。「何でも揃っているが、買いたいものは何もない」という大型店より、魅力のある店がギュッと集まっているショッピングモールを目指しました。

大建工業、ＹＫＫ ＡＰとの業務提携にあたっては、当社の茅ヶ崎の研究所に、この二社を含め何社もの製品を取り寄せて徹底的に調査、分析しました。その結果、この二社がそれぞれの分野で最も優れた製品を作っていることが明らかになったのです。技術力のほか、ブランド、信頼においても優れていますし、我々が推進するリモデルの意味を十分にご理解いただいたことも提携の重要なポイントになりました。

業務提携の調印後、三社が開発メンバーを出し合って事務所を作り、商品開発に取り組みました。壁、床、天井、窓に至るまで、全体の雰囲気、色調など、デザインテイストの統一をはかっています。２００４年には三社による「ＴＤＹ広島コラボレーションショールーム」をオープンし、それまで工務店任せだった床材も、お客様が自分で見て選べるようにしました。ＴＤＹは三社の頭文字です。

その後、高松、札幌、福岡、大阪などに二社または三社共同のショールームを展開し、２０１２年にはリモデル情報を発信する旗艦ショールーム、「ＴＤＹ東京コラボレーションショールーム」を南新宿に開設しました。ここは１０００坪以上の広さがあり、一戸建てだけではなく、マンションのリモデルの事例も見ることができます。

２年に１回は「ＴＤＹリモデルスタイルフェア」という大展示会を全国主要都市で開いています。お客様の利便性を考えて、ノーリツ、ダイキン工業、そして地域のガス会社など、他の企業に参加してもらうこともあります。私たちの考え方に賛同していただいて、一緒に空間の提案をしています。

２００８年、２００９年のＴＤＹリモデルスタイルフェアは、環境にやさしい「グリーンリモデル」をテーマに、「長もち住宅」、「ＣＯ２削減」、「健康配慮」を訴え、三社の商品による実物大の空間モデルを「リモデル前」と「リモデル後」に分けて展示しました。この展示は国土交通省の「平成20年度 第2回超長期住宅先導的モデル事業」の「情報提供及び普及」部門に選ばれました。また、２００４年から「リモデルスタイルブック」を発行し、リモデルの留意点、事例紹介、ＬＤＫ空間のリモデル提案などを行っています。

リモデル効果で5年連続増収を達成

このようにリモデルを推進した結果、２００２年度から２００６年にかけて5年連続増収になり、２００６年には過去最高の５１００億円を超える売上高を達成しました。現在は国内の住設売上高の3分の2以上をリモデルが占めています。新築からリモデルに大きく舵を切ってきたことが、この結果につながったのだと思います。

今から10年ほど前には、リモデルのライバルは自動車メーカーや旅行会社だと考えられていました。リモデルはやらないと困るものではなく、より快適な生活を追求するためのお金の使い方です。住環境の価値を上げるのか、レジャーを楽しむのか、どちらを選択するかということになります。

確かにハイブリッド車も海外旅行もいいのですが、歳をとってきたら快適な生活のために使うという選択もいいと思います。今は定年退職から20年、30年と生活していく時代です。間取りを考えたり、工務店と折衝したり、細々としたことがありますから、まだ元気で子供の助けを必要としない60歳前後の時期に思い切ってリモデルする「備えるリモデル」を勧めています。リモデルしたお客様は、「もっと早くお願いすればよかった」と、みなさん喜んでくださいます。だからリモデルには価値があるのです。

団塊の世代が一斉に定年退職したら、何兆円という退職金が支払われ、リフォーム特需が起こると言われていましたが、フタを開けてみると、結局、何も起こりませんでした。リーマンショック、年金問題、東日本大震災などが起きて将来への不安が強くなり、団塊の世代はお金を使うことができなかったのです。

それが２０１２年から、少しずつ安心感が出てきました。今、リモデル市場は大幅に伸びています。リモデルは需要創造ができる反面、絶対に必要なことではないので、お客様の気分が乗らないとできません。将来に不安を感じていると、あえて踏み出そうとは思わないのです。

景気は気分に大きく左右されます。最近ようやく、一人一人がお金を使ったほうが、世の中がよくなるという空気になってきました。残念ながら、団塊の世代の一斉退職と景気の回復が5年ほどズレてしまった気がしますが、このマインドの変化を逃してはいけないと思っています。

第3章

「満足」を超える「感動」を提供する

「好き」「面白い」「楽しい」のレベルを上げる

かつては団塊の世代、ニューファミリー世代など、世代に共通した生活価値観というものがあり、ニーズをある程度、固まりとしてとらえることができました。しかし現在は、同じ世代でもライフスタイルが多様化しています。世代に加えて生活環境を細かく分析し、何が求められているのかを考えなくてはなりません。

同時にニーズの二極化も進んでいます。「最小限の機能でいいから、安価なものが欲しい」という人もいれば、「高くてもいいから、生活を豊かにしたい」という人もいます。安くて最低限の機能を満たしたシンプルなものは作りやすいのですが、難しいのは付加価値の高い商品です。付加価値の高い商品で富裕層を狙うなら、その人たちがどんな生活をしているのか、お風呂にどのようなことを求めているのか、徹底的にリサーチします。

その結果をもとに例えば「究極の浴室空間とは何か？」を考えていきます。富裕層以外の人たちに関しても、セグメントごとに同じようにリサーチし、商品コンセプトをつくっていきます。

以前はトイレ、バスルーム、洗面所、キッチンの四つのジャンルについて別々に商品開発をしていたため、機能もデザインテイストもバラバラになっていました。ボタンやレバーなど、機能が統一されていないとお客様が混乱して使い勝手が悪くなりますし、バスルームと洗面所のように続いている空間は、デザインが統一されていたほうがスッキリと美しくなります。隣に他社製品が置かれたとき、違和感があるぐらいがいいのです。

今では商品開発をTOTO、大建工業、YKK APの三社共同で行い、お客様が求めるデザインテイストに配慮しつつ、「このバスルームにはこの洗面化粧台が合います。床は大建工業のこちら、窓はYKK APのこちらがおすすめです」と、全体をコーディネートして提案できるようになりました。

お客様の商品選びは時代によって変わります。昔は機能だけで選んでいましたが、最近は「好き」、「面白い」、「楽しい」という要素が重視されるようになりました。TOTOは機能には絶対的な自信を持っているので、「好き」、「面白い」、「楽しい」のレベルを上げていけば他社に追いつかれることはないと考えています。

「好き」の感覚は世の中の流れとともに移ろっていくものなので、その変化を敏感にとらえる感性が必要です。銀座に高級ブランド店のビルができたと聞いたら、トイレはどうなっているのか見に行ってみる、というように、常に感性を磨いておかなければなりません。好みは国や地域によっても違ってきます。アメリカの東海岸ではクラシックな昔風のデザインが好まれ、装飾のあるものが売れ筋です。それに対して西海岸の好みは日本に近く、シンプルで機能的な美しさが受けています。地域ごとの「好き」に応える商品が求められています。

商品の機能とデザインに並んで大事なのがアフターサービスです。最初の商品説明から、提案、工事、アフターサービスまで、「ＴＯＴＯだからできる」、「ＴＯＴＯだから安心」、という一本の線でつながっていなくてはなりません。どこを切っても素晴らしいと思ってほしいのです。ですからアフターサービスは３６５日、コールセンターで受け付けています。

アフターサービスはお客様とメーカーの大事な接点の一つです。トラブルに真摯に対応して解決すれば、お客様との絆が以前にも増して深まります。「ＴＯＴＯは信頼できる。今後もＴＯＴＯの商品を使おう」とファンになってもらえるかもしれません。アフターサービスは信頼を高める機会だと考えています。

商品開発における課題は、各事業部の底上げです。それぞれのレベルを上げるのはもちろんですが、横串を通してレベルを一定にしたいのです。以前は一つの事業部がいい商品を作ればお客様から高い評価をいただくことができました。しかし最近は、一番いい部分より一番悪いところに注目が集まり、少しでも悪いところがあると、それが全体の評価を低くする傾向があります。TOTOブランドが不当に低い評価を受けないためにも、全体が底上げされ、バランスがとれていることが重要なのです。

ショールームを営業の最重要拠点と位置づける

私はショールームを営業の最重要拠点と位置づけています。1998年に大阪支社長になったころから力を入れ、今では全国約100カ所以上に増えています。第2章で述べたように、私は柏出張所時代にショールームの効果を目の当たりにする経験をしました。トイレや洗面台の取り付けは地域の工事店が行うので、メーカーとお客様の接点は、実はそれほど多くありません。直に接するのはショールームとアフターサービスぐらいです。その接点を生かそうと考えました。

新築需要が中心だったころは、ショールームの役割は商品の仕様や色を確認することでした。それをリモデル宣言以降は、見て触れて感じる場所、快適な生活をイメージしてもらう場所、提案する場所に変えました。バスルームの広さを体感したり、キッチンの引き出しを開け閉めしたりして、リモデルの価値を感じ取ってもらう空間にしたのです。いわば需要を呼び起こす場所です。ですからショールームでは商品説明だけではなく、お客様の生活シーンに合ったアドバイス、レイアウトの提案など、コンサルティングも行っていますし、見積書も作成しています。

ショールームの立地については、駅前や街の中心部にあったものを生活圏に近い郊外に移しました。街の中心部から遠くても、わかりやすい場所なら問題はありません。冷やかしではなく目的を持ったお客様が多く訪れるようになりました。

これらのショールームでお客様に応対するのがショールームアドバイザーの女性たちです。私は、TOTOのリモデルに最も大きな役割を果たしているのは彼女たちだと思っています。お客様に最も近い存在だからです。ショールームアドバイザーはお客様と会話しながら、このお客様にはどんな困りごとがあるのか、デザインにこだわっているのか、どんな生活がしたいのか、といったニーズを探り、プランを具体化していきます。

リモデルに関心を持つお客様は、「生活を変えたい」、「家族構成が変わったので間取りも変えたい」など、さまざまな要望を持っています。その方たちの期待を超える提案ができなければ、わざわざショールームに足を運んでもらう意味がありません。ですから、アドバイザーの教育には時間もコストも惜しまず、かなり力を入れています。新人は東富士にある研修施設で約2週間の研修を受け、その後のOJTを含めて最低1カ月はトレーニングします。商品と接客について学び、ショールームで発生するさまざまな問題の解決の訓練にも取り組みます。

ショールームに来てくださったお客様には、アドバイザーの説明のわかりやすさ、接客態度などについて、アンケートにお答えいただいています。ハガキを持ち帰って、あとで投函してもらうのです。

いくつかの項目で満足度を調査し、5点満点をとった割合を「感動率」として評価しています。5点満点をいただけなかったということは、どこかに不満があったということですから、評価の対象にはしません。感動率60%を目標にしたところ、3年間で達成しました。

　幸いなことに、お客様アンケートの感想の欄には、さまざまな感謝の言葉をいただいています。「接客に係わる仕事をしていますが、ひき抜きたいほど素晴らしい対応でした」、「他社のショールームには行きません」、「うちの嫁に来てほしい」というお声もあり、こちらの胸が熱くなることもしばしばです。こうした声は、全部門長に回覧しています。ある支社長は、通勤電車の中で読んで目頭が熱くなったと話していました。

　アドバイザーにとって、最も励みになるのは、お客様からの「ありがとう」の一言です。優秀なアドバイザーは、お客様はなぜああ言ったのか、なぜこういう反応をしたのか、常に自分に問いかけて次に生かしています。お客様に育てられているのです。ショールームは水曜日を休みにして、よりよい対応の仕方を共有する反省会や、新商品の勉強会を開いています。小規模のショールームは数人、新宿のように大きいところは約50人のアドバイザーが活躍しています。

　アドバイザーはほとんどが女性で、派遣社員が中心ですが、優秀な人は契約社員を経て正社員にステップアップできる道が開かれています。優秀な人はリーダーに、さらにリーダーを束ねるスーパーバイザーにと昇進する制度もつくりました。さらにお客様に近いアドバイザーが元気にならないと、会社も元気になりません。

お客様からの評価が高いショールームアドバイザーの表彰式を、顧客満足度の高さで有名なあるホテルで行ったとき、一人ずつ感想を書いてもらいました。「さすがは一流のホテル。ここはすばらしい」とほめる一方で、「ここはできていない」と鋭い指摘をしていて感心しました。日々、お客様からの厳しい視線に感性が鍛えられているのだと思います。

「ブレイクスルー思考」で業績回復

世の中にあふれる経営戦略論は、過去の成功事例を整理したものです。過去の遺産の分析は、何かを考えるときの参考や効率化の一助にはなりますが、自分たちならではの固有の解決策や、生活文化を変えるようなユニークな解を導き出すことはできません。大切なのは、未来を見据えて考えることです。

例えば、クレームに対応して機能を改良するのは対症療法に過ぎません。過去の延長線上で考えているだけです。そこから離れて、「そもそもこの商品は何のために存在するのか」から発想できれば、思考は具体的な未来へとつながっていきます。「こうありたい」という未来から逆算してものごとを考えるのです。その手がかりとなるのが、これから説明する「ブレイクスルー思考」です。

経営企画を担当していた1996年から1997年ごろ、日本の住宅設備業界は低迷を続けていました。従来の方法は通用しなくなり、現状を打破するには、それまでとは違う新しい発想が必要でした。そこで、後に社長になった当時の重渕雅敏副社長のもとでジェラルド・ナドラー氏と日比野省三氏が確立した「ブレイクスルー思考」を導入しました。

これは、根本の目的を把握したら、あとは通念にとらわれずに発想するという方法です。つまり、今ある技術をどう使うかを考えるのではなく、先に「こうしたい」を決めて、未来からの視点で新しい価値を提案するのです。

この方法に従い、各製品の開発担当者たちは、実現できるかどうかは度外視して、理想の風呂やキッチンについてアイディアを出し合いました。キッチンチームでは1000個以上のアイディアが出て、そこから31のコンセプトを導き出しました。

「ウォシュレット」の事業部も、かなり熱心にブレイクスルー思考に取り組みました。5、6チームに分かれて、「こんな『ウォシュレット』があったらいいな」という理想を語り合ったのです。「自分で掃除してくれればいい」、「しゃべったらいい」、「夜中に光ったらいい」、「勝手にフタが開いたらいい」など、当時としては荒唐無稽で夢のようなことを言っていました。

その中で、10年後はここまでできる、3年後はここまでできる、これは今すぐできる、とスケジュールを考え、実際の開発につなげていきました。未来の商品を見据える努力をした結果、夢のような機能が今ではいくつも実現しています。

ブレイクスルー思考とともに重要なのは、「課題の種」を作ることです。今すぐには解決できなくても、将来解決しなければならない課題を明確にしておくと、解決のための軸と方向が決まってきます。課題を常に頭の隅に置いておくのです。単なる思いつきで商品開発をするのではなく、未来への種を作ってずっと考え続けていると、いつか開花するのです。

TOTOの商品の歴史を振り返ってみると、常に時代の常識にとらわれない提案をしてきたことがわかります。いくつか挙げてみましょう。

１９５８年には、木製やタイル張りが普通だった浴槽を、軽くて美しいＦＲＰ製にしました。１９６４年の東京オリンピックのころには、工期を大幅に短縮できる、日本初の本格的ユニットバスを開発し、高まる建設需要に応えました。やはり高度成長期の１９６８年には、手や顔を洗うだけではなく、収納機能を備えた洗面化粧台を発売しています。

その他、白色が当たり前だった衛生陶器のカラー化、「ウォシュレット」、「朝シャン」を流行らせた「シャンプードレッサー」も、常識を打ち破り、新しい文化を創造した商品です。トイレ、風呂、洗面所と、ＴＯＴＯが新しい発想で日本の水まわりを変えてきたことがわかります。未来は過去の延長線上にはありません。過去と同じことを続けていたら、今のＴＯＴＯはなかったと思います。

改善の余地が大きかった保育園、学校のトイレ

世の中にはいたるところにニーズが転がっています。それを常に意識して、何を見て

も自分たちにできることはないかと考える習慣をつけるといいと思います。知人が高齢者健康施設のアドバイザーをしている関係から、私は施設のオープニングなどに何度も足を運んでいます。10年近く前になりますが、2階が高齢者健康施設、1階が保育園になっている施設を訪問しました。

その保育園の園児用トイレを見ると、子供用の小さな便座に、お母さんや保母さんたちが苦労して縫った便座カバーが付けられていました。我々は住宅用のトイレには力を入れて新製品を次々に発売してきましたが、子供用トイレは長い間モデルチェンジをしていませんでした。この保育園でも30年以上前に開発された便器が使われていました。また、駅や公共施設のトイレを子供が使っているところを見ると、大人用の小便器のふちに立ち、両手で便器につかまって用を足していて、非常に危ないし、衛生的にも問題がありました。

この状態を放っておいてはまずいと、会社に戻って事業部にきいてみました。ところが、子供用の便器はすでに型も減価償却が終わっている、それでも赤字だから、新しい商品を作っても赤字になるだけだと言うのです。それはおかしいと、衛生陶器、便座、手すり、蛇口などの担当者やデザイナーがチームを組み、プロジェクトを立ち上げました。

そして保育園と幼稚園に通い、子供に適したトイレについてリサーチをしました。すると、つかまる手すりがほしい、力が弱くても切れる紙巻き器がいい、楽に流せるように水洗レバーは長く、といった要望がわかってきました。子供が握りやすい手すりの太さ、足が床にちゃんと着く大便器の座面の高さなど、それぞれの担当者が研究し、いろいろ工夫した結果、きちんと利益の出る商品が誕生しました。

現在では子供の成長に合わせて、トイレスペース全体の間取りから提案しています。少し具体例を見ていくと、0歳~1歳児クラスはトイレトレーニングの初期ですから、ゾウさんの形の手すりをつけ、順番待ちや脱衣のためのベンチを設置します。先生と一緒に利用するので、先生の動きやすさも確保します。隣の保育室まで見渡せるように、仕切の壁は低くします。おむつ替えベッドやベビーバスも必要です。

2歳~3歳児クラスには、カラフルな手すりをつけた小便器、おもらし洗いに便利なシャワーパン、丸みを帯びたデザインで小さな子でも手を洗いやすいマルチシンクなどを用意しています。子供の小さな手がくぼみに挟まらないようにするなど、安全性にも配慮しています。3歳児向けになるとプライバシーを配慮して、大便器を個別ブースの

幼児用の手すりでは、親しみやすい「ぞうさんデザイン」も用意し、トイレトレーニングをサポートする。

中に配置します。

3歳児までは頻繁にトイレを利用するので、保育室の隣のスペースが適していますが、4歳～5歳児クラスは小学校入学に備えて、あえて保育室と隣接させず、廊下を隔てた場所に設置することをすすめています。男女も分け、手を洗うシンクも公共のトイレに近いものにして、マナーを学べるようにしています。

このように幼稚園、保育園はだいぶ改善が進みましたが、まだまだ遅れているのが学校のトイレです。10年ほど前には、暗い、汚い、臭い、怖い、壊れている、の「5K」と言われたこともありました。日本では1970年代を中心に多くの学校施設が建設されました。40年以上たった今、その老朽化が問題になっています。どうしても校舎の耐震化工事が優先されますから、トイレの整備は後回しになっています。

家庭では洋式便器が普及していますが、学校では和式便器が中心のところが約8割に上ります。家では洋式に慣れているので、学校では排便を我慢するという子も少なくありません。慣れない和式では尿汚れが発生しやすく、衛生面でも問題があります。洋式への転換をさらに進める必要があるでしょう。

子供たちの心と体の成長を考えると、トイレを明るく、行くのが楽しい場所に変えていくことが大切です。壁やドアをカラフルなデザインにする、アイランドタイプの洗面台を置く、入口付近にベンチを置いてコミュニケーションのスペースを作るなど、親しみやすくする工夫をいくつも提案しています。

学校のトイレは子供たちだけのものではありません。公立学校の8割は災害時の避難所に指定されています。避難してくる地域住民の中にはお年寄りもいます。過去には和式便器にしゃがむのが辛くて水分摂取を控え、体調を崩したケースもありました。やはり便器の洋式化は急務です。

避難者の生活の場になるのは主に体育館です。バリアフリーの観点から、車いすの人も使える多機能トイレを体育館に設置すれば、女性の着替えスペースとしても使えます。車いすの方や高齢者だけではなく、オストメイト（人工肛門、人工ぼうこう保有者）の方への対応も求められています。

学校も住宅用と同様、トイレを改修するだけで、水資源の節約になります。１９７０年代は洗浄に少なくとも13リットルの水が必要でしたが、現在は４・８リットルが主流です。平均的な中学校の場合を試算すると、トイレ空間全体で年間プール６・４杯分の節水になり、水道料金が一年で約１３５万円も節約できる計算です。

病院や高齢者施設のトイレの機能も追求

一方で、病院や高齢者施設の水まわりにも、さまざまな工夫をしています。病院、高齢者施設では、安全、安心、快適性のほか、スタッフの働きやすさ、衛生面を保つための清掃・メンテナンスの面も重視しなくてはなりません。

近年、とくに重視されているのが感染症対策です。自動水栓、オートソープディスペンサー、ハンドドライヤーなど、非接触の器具を導入することで感染経路を断ち切ることができます。水はねが少なく、手首までしっかり洗えるスタッフ用の手洗器、転倒を防止する手すりや背もたれも研究しています。床が清掃しやすい壁掛け型の便器、汚れを防ぐ床材、壁材も提案しています。

病院では診療科、病棟、疾患によって、求められる水まわりが違ってきます。細かく見ていくと、まだまだ工夫の余地があると思います。

さらに病院では、尿流量測定装置「フロースカイ」が導入され始めています。これは病院に行ったときに見た光景が開発のヒントになりました。尿の検査には手間がかかります。患者が容器を持ってトイレに入り、採尿し、それを看護師が受け取って量を測り、検査して後始末をします。一連の流れを見ていて、これは何とかできないかと思いました。

容器を持っていかなくても、便器が採尿すればいいのではないか。そこを徹底的に研究して、排尿の量と勢いを測定できるトイレをつくりました。ボタンを押すだけで、その患者が一日に何ｃｃの尿を出したかもわかるのです。尿はそのまま流せるので、看護師の手間も大幅に軽減され、喜ばれています。

潜在的なニーズは至るところにある

こうした例からもわかるように、潜在的なニーズはまだたくさんあります。少子高齢化で利益が出ないと思っていた子供用でしたが、実は逆でした。最近は高速道路のパーキングエリアでも子供用の便器が設置されているところが増えています。このようなニーズを拾いあげることで差別化できるのです。住宅については、今まで一生懸命やってきましたが、医療機関、老人施設、デパート、飲食店など、非住宅の部分は、現場に行くとまだまだ気付くことがたくさんあります。

すでに当社の製品が採用されているところでも、よりよいものを出せば新たな需要が生まれることもわかりました。どんな使い方をされているのか、頭の中で想像していないで、実際に行ってみることです。そして、それぞれの要望、要求にしっかり応える。子供、お年寄り、アクティブシニアなど、消費者像を明確にしたモノづくりには、まだまだ可能性があると思います。

たいていのお客様は、「まあこんなものだろう」と現状を受け入れています。小さな子供はなおさら、こうしてほしいという要望を言葉にすることはできません。大人も子供も、言語化できないままに不便に甘んじているのです。そこを私たちが察知して、感動レベルの満足に持っていけばいいのです。お客様に近づけば近づくほど、問題は明確になり、解答が見つけやすくなります。そして、喜ばれた実績が社内に伝わっていくことで、みんなのモチベーションが上がり、いい循環ができていくのです。

お客様からのクレームは宝の山である

新しい生活価値を提案しても、あまりにも自己流ではお客様に受け入れられません。開発者が想定した商品の使い方と、実際の使われ方が違ったり、喜ばれると思った機能が否定されたりすることも多いのです。キッチンの引き出しに細かい仕切りを作ったら、こんなものはいらないと主婦から叱られたこともありました。

仕事場にこもって研究開発をしている技術者は、「オレの開発したものが一番いいのだ」と独善的になりがちです。「そうではない、商品の良し悪しはお客様が判断するのだ」としつこいぐらい言って、お客様を主体に考えるよう意識改革を促しています。

新商品を発売したあとも、どこが良くてどこが悪かったのか、なぜ受け入れられたのか、あるいは受け入れられなかったのか、常に検証し、開発の現場にフィードバックしていかなくてはなりません。最初にご購入いただいた何十軒かに伺って、新商品に関する要望や感想を聞いてみるといいのです。技術者の独善的な思い込みで作っても、お客様には通用しないことがわかります。逆に、思わぬ機能が喜ばれていて、次の商品に向けての大きなヒントになります。こうした努力を積み重ねるうちに、お客様が主役という価値観が社員にだんだん浸透してきました。

当然のことながら、キッチンの商品企画をするときは、キッチンを使っている人のところに行って、実際にどう使われているかをよく観察することです。洗面化粧台も、顔を洗って化粧をするぐらいかと思っていたら、予想外の用途に使われていました。

洗濯する人もいれば、花瓶の水を入れる人もいます。バケツが置けるように底が平らなほうがいいという声もあります。多様な要望に応えていくうちに、洗面ボウルは昔に比べてずいぶん広く四角い形になりました。今は品質が良いのは当たり前。付加価値がなければお客様の心には響きません。

そうした商品企画や商品開発の現場では、クレームは宝の山に他なりません。お客様相談室に寄せられる声は、時間とコストをかけて面談調査をして得られた情報よりも、はるかに数が多く、かつ具体的です。お客様が何に困っているのか、どこに不具合があるのかという情報は大きなヒントになりますから、むしろ歓迎すべきです。商品に不具合が見つかったら、それはなぜ起きたのか、不具合を引き起こした部品は本当に必要なのか、他の部材で代用できる可能性はあるのかなど、本質を問い直す機会になります。

さらにクレームには、「こうして欲しい」、「この部分をこう変えるともっとよくなるのに」という要望が隠れていることが多いのです。それに気づいている事業部では、お客様相談室に寄せられた声を積極的に見ています。すると出てくる商品のレベルが違ってきます。

要望があるということは、我々とお客様の間にまだギャップがあるということです。それを解消しなければなりません。例えば、バスルームの床に水がたまっていて足がぬれる。そこから「カラリ床」が生まれました。何年も同じ要望が寄せられるということは、それが解決しなくてはならない問題だということです。

こうして見えてきた問題に対して、「それは仕方がない」と思う人と、「絶対に解決してやろう」と思う人がいます。不可能と思われていたことを可能と考える人が出てきたときに、問題は解決します。「カラリ床」のときもそうでした。

あるいは、シャワーの水圧を強くすることと節水をどう両立させるかという問題は、「エアイン」という技術を開発して解決しました。水の粒に空気を入れながら出すと、浴び心地はそのままで水量を減らすことができるのです。トイレ掃除をいかに簡単にするかも永遠の課題です。数十年にわたっていろいろな解決策が出されてきました。汚れがつきにくいだけではなく、今は除菌ができるところまできています。

このように、かなりの課題は技術で解決できます。理想は「掃除をする必要がないトイレ」。例えばボタンを押すとすべての処理が終わる「テレポートトイレ」です。トイレは今後もまだまだ進化すると思います。

「欲しいモノ」から「したいコト」への転換

時代とともに生活は便利になり、いつでもお湯が出る快適な暮らしが実現しました。

「欲しい物はありますか?」とたずねても、ひととおり間に合っているから、なかなか答えは出てきません。ところが、「どんな生活をしたいですか?」ときくと、いろいろな要望が出てきます。間に合っていない部分がたくさんあるからです。

つまり、すでに存在するモノを見るのではなく、どんな生活がしたいかを考えると、今そこにないものが欲しくなります。「欲しいモノ」から「したいコト」への転換です。

1985年に発売した「シャンプードレッサー」も、「したいコト」を実現した商品でした。朝起きて外出する前に髪を洗う女性が増えているという調査結果があったため、体をぬらさずに髪を洗える洗面化粧台を開発したところ、大ヒットして〝朝シャン〟という言葉が一世を風靡しました。「ウォシュレット」と同様、「困った」を解消するというより、こちらから新たな価値を提案して、新しい生活文化をつくった商品でした。

この「シャンプードレッサー」のヒットが一段落した1986年から1987年ごろ、社員に、自宅の洗面台にどんなものが置いてあるか、すべて図に描いてみてほしい、と指示したことがありました。男性は独身寮に入っている人もいたので、いちばん参考になったのは都内に住む女性の家の例でした。

洗面台には家によって実にいろいろなものが置かれています。石けん、歯ブラシ、化粧品、薬、洗面台の下の扉を開けたら、バケツや長靴が入っている家もありました。長靴というのは、お風呂掃除のときに使うゴムの長靴です。どこにしまっておくかといったら、やはり洗面台になるのです。

用途によって洗面ボウルの形、蛇口の高さ、位置は違ってきます。さらに置いてあるものによって、棚の大きさ、仕切りの高さや幅も変わります。何が入っているかを一つ一つ調べ、それを買ってきてもらって、全部詰めてみました。化粧品の瓶の高さに合わせて棚の高さを決めていきます。時代とともに化粧品の瓶のデザインも変わりますから、何年かごとにサイズや用途を見直しています。世の中の変化に合わせて、商品開発もきめ細かく対応していかなくてはなりません。

考えてみれば、携帯電話は「外でも電話をかけたい」という要望から始まりました。最初は大きくて重たいものでしたが、だんだん軽く小さくなっていきました。「ウォシュレット」は「おしりもお風呂のようにお湯で洗いたくないですか?」という提案から始まりました。「シャンプードレッサー」は、「体をぬらさずに髪だけ洗いませんか?」という提案でした。

いずれの商品も、お客様の要望に応えられるか、あるいは潜在ニーズを引き出して提案できるかが勝負でした。そう考えると、最大のライバルは同業他社ではなくお客様です。「この商品を買ったら何がよくなるのか」、「お客様はどんな価値を得られるか」を追求しなくてはいけません。今あるものを少し改良したぐらいでは、心に響く商品はできません。同業他社よりいいものができた、と喜んでいるようでは、まだまだです。

ただ、お客様の感動レベルはどんどん上がっていくので、常にお客様の先を走って期待を超え続けていくことは非常に困難です。かといって走るスピードが鈍れば、お客様にとって必要のない会社になってしまうでしょう。だからこそ、モノ真似ではなく、自分たちらしいこと、自分たちにしかできないことを追求するべきなのです。

第 4 章

オンリーワン技術でありたい未来を実現する

TOTO商品開発の歴史

1917年	会社設立。衛生陶器の製造開始
1946年	水栓金具の生産開始
1958年	日本初のFRP浴槽「トートーライトバス」発売
1963年	ユニットバスルーム工法開発
1968年	洗面化粧台発売
1970年	鋳物ホーロー浴槽の製造開始、衛生陶器のカラー化
1977年	戸建住宅用浴室ユニット発売
1978年	茅ヶ崎に研究所設立
1980年	温水洗浄便座「ウォシュレット」、石油・ガス給湯器、 高齢者に配慮した「いたわり浴槽」発売
1981年	システムキッチン発売
1985年	洗髪洗面化粧台「シャンプードレッサー」発売
1993年	シーケンシャルバルブ式洗浄を開発、 次世代便器「ネオレストEX」発売
1995年	携帯用「トラベルウォシュレット」発売
1997年	浴室換気暖房乾燥機「三乾王」発売
1998年	ハイドロテクト技術を開発
1999年	ワンダーウェーブ洗浄、セフィオンテクト技術を開発
2001年	「カラリ床」を採用したシステムバス 「フローピアKVシリーズ」発売
2002年	トルネード洗浄を開発
2004年	「フローピア魔法びん浴槽シリーズ」発売
2007年	ハイブリッドエコロジーシステムを開発、 「ネオレスト　ハイブリッドシリーズ」発売
2010年	「エアイン」技術を開発
2011年	「ウォシュレット」出荷3000万台を突破
2012年	初代「ウォシュレット」が日本機械学会の「機械遺産」に認定

「TOTOしかできないこと」「TOTOだからできること」

私たちは技術開発においても、「TOTOしかできないこと」、「TOTOだからできること」の二つに集中して取り組んでいます。他社ができることをやっても消耗戦になるだけです。TOTOだからつくれる独自の商品を次々に生み出して、他社より何年か先を走ればいいのです。中には追いつかれるものもあるかもしれませんが、真似できないものもあるはずです。

日本人のライフスタイルはここ数十年の間にどんどん変わっています。その変化をとらえ、お客様が気づいていない潜在ニーズを顕在化させて新市場を創造したのが、「ウォシュレット」、「シャンプードレッサー」、「ほっカラリ床」、「魔法びん浴槽」などのヒット商品です。これらの画期的な商品は、「TOTOだからできる」、「TOTOにしかできない」技術によって実現しました。この章ではTOTOの強みであるオンリーワンの技術がどのように生み出されていったのかを見ていきたいと思います。

まずは1980年発売の「ウォシュレット」です。今では出荷台数が累計3000万台を超えるヒット商品ですが、もともと当社はアメリカのベンチャー企業が販売していた医療用の温水洗浄便座シートを輸入販売していました。アメリカン・ビデ社の「ウォッシュエアシート」という商品で、痔の患者さんに使われていました。

日本での需要を見込んで、その特許を取得し、1969年からは便座を温める機能を追加して、日本で生産を始めました。病院、福祉施設などに導入されましたが、おしりを洗うお湯の温度も、発射される方向もまだまだ不安定なものでした。作家の遠藤周作さんには「一度しか使わない」と書かれてしまい、さんざんな結果に終わりました。

それから間もなく1973年の第一次オイルショックが起こり、住宅着工数が激減して、TOTOの売上も低迷しました。そんな中、白羽の矢が立ったのが温水洗浄便座でした。しかも今度は医療用ではなく一般向けです。開発者は再び難題に向き合うことになりました。

最初の壁は、おしりの穴の位置を把握することでした。肛門の位置がわからなければ、水を的確に噴射することはできません。便座に針金を張り、座ったとき、肛門がきた場所に紙を貼り付けます。この方法で肛門の位置のデータをとろうとしましたが、社員はしりごみして、なかなか協力してくれません。はずかしいと言って断る人もいました。それでも開発者の熱意に押されて、男女３００人分のデータが集まりました。私の家内にも要望があり、自宅で実験データを取ったようです。

洗うお湯の温度は自分たちのおしりで実験し、０・１℃ずつ上げていって、ちょうどいい温度を割り出しました。噴射する角度も少しずつ変えてみて、43度にするとおしりにうまく当たり、洗ったお湯がノズルにかからずに便器に落ちることがわかりました。

いちばんの難問は、水と電気をいかに共存させるかでした。洗浄用のお湯は電気で温めますが、水回りの商品に電気を使うと漏電の危険性があります。尿には塩分が含まれていて伝導体になりますから、なおさら危険なのです。お湯の温度を制御するのにＩＣを使おうとして家電メーカーに相談しても、水のあるところでは危ないという答えでした。

どうやって解決すればいいのか、頭を悩ませていた開発者は、雨の中で信号待ちをしていて、信号機が雨にぬれてもきちんと作動していることに気付きました。すぐに横浜にある信号機のメーカーを訪ね、特殊な樹脂でＩＣをコーティングして水から守る技術に出合うことができました。

そのメーカーは、「自分たちの技術が普及するなら」と言って協力してくれました。会社に戻って実験してみると、塩分を含んだ水をかけても問題なく作動します。これで高いハードルを越えることができました。当時、水と電気を併用する商品を作れるのは世界でも数社しかなく、技術力の高さで市場をリードすることになりました。

おしりを洗うノズルの駆動方式に悩んでいた別の開発者も、日常生活の中からヒントを得ました。道に停まっていた車のラジオのアンテナがスルスルと伸びてきたのを見て、必要なときだけ洗浄ノズルが出てくる方式が浮かんだのです。開発者たちは、自分は何を作りたいのか、どうすればいいのかを、とことん考え抜いていました。だからこそ、普通なら見過ごしてしまう何気ない光景からアイディアがひらめいたのだと思います。

とはいえ、最初は失敗もしています。第2章で述べたように、「ウォシュレット」を発売した直後に不具合が出て、すべて取り替えることになってしまいました。でも、新しいことをすれば、何か予想外のことが起きるのは当然のこと。覚悟しておけばいいのです。予想外のトラブルが起きてしまったときはトップの判断が重要です。TOTOも商品を交換するという当時の社長の決断によって危機を乗り越えました。それ以降、「ウォシュレット」と便器が一体化したタイプが発売されるなど、トイレの進化は続いていきました。

「トイレのベンツをつくれ」＝進化する「ネオレスト」

１９９３年にはまったく新しい発想の次世代便器「ネオレストＥＸ」が発売されて、トイレは新たな時代を迎えます。「ネオレストＥＸ」は最新で世界トップクラス、これが便器の最終形という意味を込めて名付けられました。新しいを意味する「ネオ」とレストルームの「レスト」の組み合わせです。

開発が始まったのは１９８８年、「便器でない便器を作れ」、「トイレのベンツをつくれ」を合言葉に、プロジェクトチームが始動しました。メンバーはまず、「便器とは何だろう」という根本に立ち戻りました。そこから、「タンクをなくしたらどうだろう」という案が出てきました。

当時の住宅のトイレでは、大容量のタンクに水を貯め、強い水流で一気に流す方式が主流でした。一口に流すといっても、便器の洗浄には次の三段階があります。まず水が便鉢を洗います。次に排泄物を下水管まで運びます。そして再び便鉢に水を張って下水管からの臭いを防ぎます。開発者たちはこの三段階をコンピューターで制御し、バルブから自動的に適正な量の水が出てくる「シーケンシャルバルブ式」を考案しました。

この方式では、最初に便器上部のフチのところから水を出して便鉢を洗い、次に便器の底のあたりから勢いよく水を出して排泄物を下水管に運び、最後にもう一度、フチから水を出して便鉢に水を貯めます。この三段方式によって節水とタンクレスの両立が実現しました。タンクがなくなってデザインがすっきりと洗練され、トイレ空間が広くなりました。他にもオゾン脱臭、便座やふたに触れずにリモコン操作で開閉できる機能など、最新の技術と知恵が搭載されました。この「ネオレスト」シリーズはＴＯＴＯのフラッグシップ商品となり、現在もその進化系が発売されています。

彼らトイレの開発部隊がいかに熱心だったかは、90年代半ば、ファンを担当していた私の隣に彼らの席があったので、よく知っています。ときどき工場についていって、水を流すときの勢い、音など、使う側がどう感じるかのチェックを頼まれたり、相談にのったりしました。

この「ネオレストＥＸ」はタンクレスの画期的な商品でしたが、１９９３年当時としては価格が高かったこともあり、思うように売れませんでした。時期が10年ほど早すぎたのです。2000年代に入ると、他社が次々にタンクレストイレを出してきました。タンクレス市場が拡大する中、我々はさらにいいものを作ろうと、「ネオレスト」の開発をもう一度やり直すことにしました。「NEWネオレストEX」に向けて開発部隊は走り始めました。

2002年には「トルネード洗浄」が開発され、便器の洗浄方法が大きく進歩しました。従来は便器のフチにある約30個の穴から水を出し、下に向かって流していました。この方式だと洗いムラがある上、水の出るフチの部分に水垢がたまり、黒ずみの原因になっていました。

それなら「フチをなくしたらどうか」と考え、編み出されたのが「トルネード洗浄」です。これは便器の上部に一カ所、水を出す口を作り、そこから流れる水が渦を巻くように便器の中を回って底に落ちるようにする方法で、少ない水でまんべんなく洗うことができます。

ただ、便器全体にうまく水を回すには、ミリ単位で便器の角度の調整が必要でした。何十回も型を作り直して、ようやく最適な形を探り当てました。節水と同時に、ブラシがとどかず汚れのたまりやすかった便器のフチがなくなり、汚れを楽にふき取れるようになったのも大きなメリットです。

掃除の楽なトイレを実現した「セフィオンテクト」

「NEWネオレストEX」には、1999年に開発された「セフィオンテクト」の技術も使われました。これは誰もが望む、掃除の楽なトイレを実現した技術です。陶製の便器の表面には釉薬が塗られているので、一見ツルツルに見えますが、実は表面に小さなデコボコがあり、そこに目に見えない汚れが入り込んでしまいます。使用年数が長くなると劣化してザラザラになり、余計に汚れが落ちにくくなります。そこで、陶器の表面に釉薬を塗り、その上を特殊なガラス質で覆って、微細なレベルまでツルツルにして汚れが付きにくくしたのです。

しかし、釉薬とガラス質の最適な材料の組み合わせがなかなか見つからず、2000種類を超える試作品を焼きました。

この「セフィオンテクト」という技術は、水となじみやすく、便器全体にまんべんなく水が行き渡って汚れが落ちやすくなります。しかも効果は長期間続きます。汚れが付かなければ不快な臭いも防げます。

この技術は日本、アジア、アメリカ、ヨーロッパでも特許を取得しました。アンケートでは多くの人が「掃除が楽になった」と答えています。

こうして2002年に誕生した「NEWネオレストEX」は、初代「ネオレスト」の約5倍売れる大ヒットとなりました。2006年にはさらにデザインを洗練させた「ネオレストA」を発売しました。

少ない水量で洗浄できる「ハイブリッドシリーズ」

しかし、これらのタンクレストイレには弱点がありました。水圧の低いところでは使えないのです。水圧は基本的にマンションの高層階、高台に建つ住宅など、高いところに行くほど低くなります。マンションでは、洗濯や炊事に水を使う時間が重なると、さ

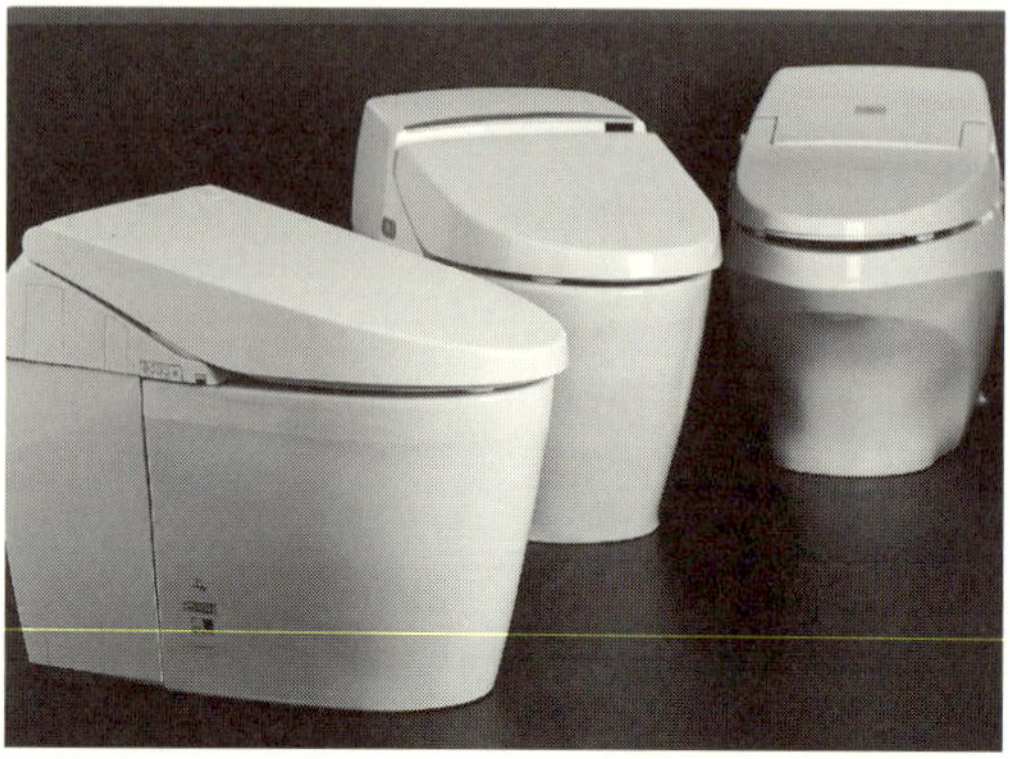

「タンクレス」「フチなし」「汚れがつきにくい」「節水」、進化を続ける「ネオレスト」シリーズ

らに水圧が低くなる場合があり、水圧だけで流すのは困難でした。デザインのすっきりしたタンクレストイレがいいと思っても、水圧や配管の条件で取り付けられない家があったのです。

開発者は、どこに住んでいるお客様にも使っていただけるようにしようと、貯水タンクと加圧ポンプを便器に内蔵することを考えました。つまり、水道からの水と、ポンプで加圧した内蔵タンクからの水の両方で流すのです。

ただ、通常のタンクやポンプを便器の内部に組み込もうとしても、大きすぎてまったく入りません。そこで小型化を図りました。とくにポンプは大幅な小型化が必要でした。

試行錯誤の末、何とか成功し、少ない水量で洗浄できる、世界初のシステム「ハイブリッドエコロジーシステム」が誕生しました。このシステムを使い、ウォシュレット一体形便器「ネオレスト　ハイブリッドシリーズ」を2007年に発売しました。「水圧が低いところでは流れない」という従来の欠点を解消し、マンションの高層階や一戸建ての2階にも設置できるようになりました。

明確なビジョンが組織を活性化させる

この「ネオレスト　ハイブリッドシリーズ」は技術的にもデザインにおいても画期的な新商品でしたが、驚いたことに、開発期間は従来の約半分のわずか半年でした。その理由を開発プロジェクトのメンバーにたずねると、「新商品が完成し、お客様のお宅に設置されて喜ばれるイメージを全員で話し合うことから始めました」というのです。「お客様に喜ばれる」という未来のイメージを共有することで、開発にかかわるすべての人が一つになったそうです。

これは開発のプロセスにも影響しました。それまでの開発は直列的な連携で行われていましたが、このときは全員が未来のイメージを共有できていたので、いくつかの技術開発を並列的に進めることができました。開発の過程で起きるさまざまな問題についても、意思の疎通が図りやすく、柔軟に対応ができたということでした。

明確なビジョンは組織を活性化します。夢を感じられるビジョンを共有すると、一人一人が積極的にアイディアを出し、仕事に前向きに取り組むようになります。現場のモチベーションが上がり、それが下がることなく持続した結果、短期間の開発が可能になったのです。

物事の根本を押さえ、みんなが納得するビジョンを描く。これはリーダーの大切な資質の一つだと思います。前に、未来から今を考えることが大事だと述べましたが、この商品はまさにその好例といえるでしょう。

TOTOのトイレには、他にもさまざまな特長があります。最新の「ウォシュレット」では、掃除をさらに楽にする「きれい除菌水」を取り入れています。まず使用前の便器内に自動で水道水のミストを噴射し、汚れをつきにくくします。使用後、あるいは8時間以上使用していないときには、「きれい除菌水」のミストを自動で吹き付けて、きれいな状態を長持ちさせます。

この「きれい除菌水」とは、汚れを分解、除菌する次亜塩素酸を含む水で、水道水の中の塩化物イオンを電気分解してつくります。使用後は普通の水に戻ります。購入者へのアンケートでは、9割以上の人が「お掃除がラクになった」と回答しています。便器だけでなく、汚れや臭いが付きにくい素材を使って掃除をしやすくする床素材も開発しています。

気になる臭いには、「触媒脱臭」が使われています。臭いの主成分はアンモニア、メチルメルカプタン、硫化水素です。これらを便器が吸い取り、触媒で臭気を分解しています。

「瞬間暖房便座」は、節電のため、便座を使うときだけ温める機能です。約6秒で29℃に温めます。我々の試算によると、24時間のうち、トイレを使っている時間は約50分にすぎませんから、ずっと保温しておくより、人の動きをセンサーで検知して使うときだけ温めれば、使わない時間の保温電力を節約できます。

その他、センサーによってフタが自動で開閉し、便座から立ち上がると自動で流れる機能もありますし、流す音についても静音設計を実現しています。

では、今後のトイレはどうなるのでしょうか。節水については、最新の商品は3・8

リットルを実現していますが、掃除の楽なトイレ、汚れないトイレについては、まだ開発が進んでいくでしょう。

また、トイレブースの中で何ができるかを考えています。一つは健康チェックです。排泄物にはその人の健康状態を教えてくれる情報が詰まっています。前にも述べたように、尿の採取システムはすでに実用化されています。排尿量のほか、糖尿病の発見につながる尿糖価、体の中心部の温度がわかる尿温度も測ることができます。患者さんや女性が毎日体温を測る手間から解放されます。

トイレは毎日必ず入るところですから、定期的にデータを取り続けるのに適しています。トイレが個人を識別して、過去のデータと照らし合わせて異常値が出たときに知らせたり、その情報をパソコンに転送して健康管理や生活習慣病の予防に役立てたり、トイレと医師をつないで診断を仰ぐこともできるでしょう。トイレと医療サービスの融合です。

ただ、薬事法など、壁がたくさんありますし、間違いがあっては困ります。お客様にとって何がいいのかを考えながら、慎重に進めています。

開発では「何のために？」を考える

商品開発、技術開発で大事なのは、「何のために？」という問いです。「シャワーは何のために存在するのか？」といえば、快適なお湯を提供するためのものであり、人とお湯の接点にある器具です。では、そこにはどんな機能、技術、デザインが必要なのか、と考えていきます。

バスルームは何のためにあるのか、基本機能を見直したところ、改善の余地があることがわかりました。そこから「カラリ床」と、湯がさめにくい「魔法びん浴槽」が誕生しました。

「カラリ床」は、すぐに乾く浴室の床として大好評を博しています。水が流れて残らないので、足がすべりにくい上、カビが生えにくく、清潔さが保たれます。翌朝には乾いていますから、家事などで浴室に入るとき、靴下を脱ぐ必要がなくなりました。

2005年の全国発明表彰において「朝日新聞発明賞」、「発明実施功績賞」を受賞しています。

他のメーカーが類似した商品を出してきましたが、TOTOはさらに進めて、お風呂で膝をついたときに痛くない、やわらかいカラリ床、「ほっカラリ床」を開発しました。踏んでみるとわかりますが、畳と同じぐらいのクッション性があり、赤ちゃんや幼児を直接座らせても安心です。洗面器、シャンプーのボトルなどを置いたり落としたりしても音が響きにくく、深夜の入浴も気になりません。これは「カラリ床」が世に出たあと、女性の方々から、洗い場に座ってひざをつくときに床が固くて痛いというご意見をいただいて開発しました。

また、寒い時期は浴室の床が冷たくて、一歩入ると「ヒヤッ」とするものですが、それが「ほっ」に変わります。床下からの冷気を断熱材が防ぎ、室温とほぼ同じ温度にしています。強度保持のためのベースフレームに外断熱のための断熱床パン、さらに内断熱の断熱クッション層、FRPの床の表面を重ねたW断熱構造が特長です。

「魔法びん浴槽」のほうは、お湯を張った4時間後でも2・5℃しか温度が下がらない、さめにくい浴槽です。断熱材で浴槽をしっかりと覆っているため、お湯の熱を逃がさないばかりか、外からの冷気も防ぎます。翌朝になっても、ぬるま湯の温度が保たれ、残り湯での洗濯にも便利です。「魔法びん浴槽」は２００４年に第15回省エネ大賞「経済産業大臣賞」と、第1回エコプロダクツ大賞「推進協議会会長賞」を受賞しました。

「ほっカラリ床」にしても「魔法びん浴槽」にしても、その機能は、多くのお客様がとくに意識していなかった部分だと思います。バスルームの床が濡れているのも、湯がさめてしまうのも、「まあこんなものか」と不満は感じていなかったのではないでしょうか。

けれども、一度お使いいただくと、従来の床や浴槽に比べて格段に性能がいいので、感動してくださいます。ただし、感動は長くは続きません。数年たつと商品が普及して、これが当たり前になります。お客様に感動し続けてもらうには、常に期待を上回るものを考え続けなくてはならないのです。

偶然が生んだ「ハイドロテクト」技術

ＴＯＴＯが世界で初めて実用化に成功したのが、光触媒技術「ハイドロテクト」です。

太陽や雨などの自然エネルギーで建物や空気をきれいにするもので、１９９５年に当時の東京大学の藤嶋昭先生の研究室と共同開発しました。

最初は抗菌を目的に、光を当てると細菌を分解するセラミックを研究していました。光の力で周りのものに化学反応を起こさせ、自らは変化しないものを光触媒と呼びます。光触媒の代表的なものの一つが酸化チタンです。酸化チタンに光を当てると、有機物を分解し、細菌の繁殖を抑え、汚れのこびりつきや臭いを防ぎます。

この分解能力に着目して、トイレの壁や床に使えないかと考えていました。茅ヶ崎の研究所で実験していたところ、あるとき、放置してあったセラミックに水がたまっているのが見つかりました。酸化チタンには「分解力」だけでなく「親水性」があることが偶然にわかったのです。一生懸命に取り組んでいると、天は見ていてくれているものだと思いました。

酸化チタンの「親水性」を、水をまったく弾かない「超親水性」まで高め、材料の表面にその膜を固定します。すると、光触媒の力で汚れを分解し、汚れとタイルの間に水が入って、汚れを浮かして流すことができます。表面が水になじむため、汚れが水で簡単に洗い流せる外壁や、水滴ができず曇らないガラスが実現します。

光触媒の酸化チタンは日本とアメリカで食品添加物に認定され、食品や化粧品に使われている安全な材料です。環境負荷、メンテナンス負荷の低い技術です。この技術を施した商品に付けられるブランドが「ハイドロテクト」です。

塗料の「ハイドロテクトコート」は、透明な膜を表面に形成するため、いろいろな建築材料に使うことができます。この塗料や「ハイドロテクトタイル」などの自社製品のほか、ガラスメーカー、タイルメーカー、住宅メーカーなど、国内外の企業に広く技術供与し、世の中に貢献できるテクノロジーを役立ててもらおうとしています。

例えば、ある大手住宅メーカーには、この技術から共同開発したタイルが採用されました。光触媒の超親水性と分解力によって、光と雨によるセルフクリーニングが可能になっています。

よく目につくところでは、東京駅前の丸の内ビルディングの外壁の一部にも使われています。ハイドロテクト技術を使った外壁は、雨が汚れを洗い流してくれるので、外壁清掃などのメンテナンスの頻度を減らすことができます。

その上、工場の排煙や車の排気ガスに含まれる窒素酸化物（ＮＯｘ）を除去する効果もあり、工場の外壁や高速道路の遮音壁にも採用されています。外装ばかりではなく、トイレの床材、キッチンや室内の壁パネルなどの内装材にも、細菌を分解し、汚れのこびりつきや臭いを防ぐ技術が使われています。

ハイドロテクトは2005年に愛知万博「愛・地球賞」と第1回ものづくり日本大賞「経済産業大臣賞」を、2006年に平成18年度全国発明表彰「恩賜発明賞」を受賞しました。2010年には、「使うことで環境負荷を減らすことができる稀な環境配慮製品であること」、「グリーン購入の普及拡大の観点からさらなる取り組み分野の広がりが期待できること」、「日本のみならず海外にも展開し実績をあげていること」などが評価され、第12回グリーン購入大賞「経済産業大臣賞」を受賞しました。

世界初の技術を磨く

環境にやさしい燃料電池の研究にも取り組んでいます。燃料電池は、水素と酸素の化学反応によって電気を作る発電システムです。発電時には熱が発生しますが、発電所が遠隔地にある場合、その熱は捨てられてきました。家庭にこのシステムがあれば、発生する熱をお湯などに利用できるので、CO_2の排出量が削減できます。すでに実用化に向けた開発を進めています。

こうした技術開発を進めていく基盤の一つが研究所です。私が社長になったとき、研究分野を三つに分けました。一つは将来にわたる基礎研究です。燃料電池など、全く新しい事業に関する基礎的な研究なので、具体的にどんな商品ができるのかはまったくわかりません。二つ目は事業部が開発にチャレンジしているものに一緒になって取り組む研究です。セラミックや光触媒など、育ちつつある新規事業に関するものです。三つ目は、現在の製品そのものの改良とクレーム対応。現在の事業をバックアップする研究です。

入社してから定年退職するまで、ずっと基礎研究をしている人は、会社に目に見える形での貢献ができずに会社人生を終えることもあるでしょう。事業に近く、製品に直結する研究に比べて、やりがいや達成感が持ちにくいかもしれません。そこで、一人の研究者が並行して三つの分野にかかわれるようにしました。

事業関連の研究をメインにしている人も、新規事業や基礎研究ができるようになって非常に活性化しました。年二回の研究発表会は、社長も役員も聞きにいきます。いろいろな研究が行われていて、実に面白いのです。

例えば、オナラの研究をしているチームもあります。オナラで体調がどこまでわかるかというテーマを楽しそうに発表していました。特許を取った社員への褒賞制度もあり、毎年かなりの人数が対象となっています。住宅設備以外の分野に応用できる研究もあるので、世界一の技術があるなら、事業化を進めてグループ会社をつくってもいいと言っています。

あまり知られていませんが、ＴＯＴＯはセラミックを扱っているので、光通信のケーブルの先端についているコネクター、部品や半導体の製造装置の部材なども製造しています。業界では高く評価されています。

世界初の技術を開発したら、それを軸に商品をつくり、販売するのが通常の企業です。しかし我々は、当社より専門性の高い会社に任せたほうがよいと判断したものは手放しています。餅は餅屋というように、その市場に不慣れな私たちが製造から販売まで手掛けるより、専門の会社に任せたほうが優れた製品が早くできるからです。我々はさまざまな分野のプロに採用してもらえるレベルの技術を磨き、欠くことのできない必要部品として使ってもらえばそれでいいのです。

ユニバーサルデザインの重要性

ＴＯＴＯは経営におけるＣＳＲ（企業の社会的責任）を大切にしています。収益の高さや経済性が企業評価の唯一の物差しだった時代は終わりを告げ、企業も「品格」を問われる世の中になりました。長い間、繁栄を続けている会社の創業者は、ＣＳＲを企業理念として掲げています。

ＴＯＴＯのＣＳＲの特長は、基本的なことに加えて、「ユニバーサルデザイン」と「エコロジー」の二つを重要な企業ミッションと位置付けているところです。

ユニバーサルデザインとは、年齢の違いや障がいの有無にかかわらず、誰もが安全で快適に使えるデザインです。当社はこの言葉が一般化するずっと前の１９７０年代から、障がい者用のトイレの研究に取り組んできました。１９８０年には高齢者に配慮した「いたわり浴槽」を発売しています。トイレ、洗面所、風呂などは、すべての人が毎日使うところです。暮らしの中でユニバーサルデザインが最も必要とされているのが我々

図表4―1 「TOTOグループユニバーサルデザイン方針」

目的

「まいにち必ず使うもの」「みんなが必ず使うもの」を提供するTOTOグループは、国籍や性別、年齢、身体能力などの違いに対応した、「一人でも多くのお客様に使いやすい商品とサービス」の提供を通じて、一人でも多くの人が暮らしやすい社会の実現に貢献します。

1. 一人でも多くの人に使いやすい商品とサービスの提供を通じて、お客様の新しい生活価値を創造し、一人でも多くの人が暮らしやすい住環境や社会基盤の実現に貢献します。
2. ユニバーサルデザインに関する教育・実践を通じて、社会に貢献する企業市民を育成します。
3. 社会と双方向のコミュニケーションを積極的に行い、ユニバーサルデザインの普及・推進に貢献します。

の商品でしょう。

２００２年には北九州に「ＵＤ（ユニバーサルデザイン）研究所」を設立し、高齢者、障がい者など、誰にでも使いやすい商品や空間の研究、開発に着手しました。

「ＴＯＴＯのＵＤ五原則」

①　姿勢・動作がラク
②　わかりやすく、簡単な操作
③　使用者の違い・変化に対応
④　快適
⑤　安全

これら五つの原則を満たす商品、空間の開発を、事業部別にしているため、風呂はいいけどトイレは今ひとつというように、レベルにバラつきが出る恐れがありました。そこで事業部を横断して、すべて同じ基準に当てはめ、ユニバーサルデザインの考え方をどの分野においても貫くことにしました。これが開発において功を奏しています。

しかし事業の拡大とともに、北九州の研究所だけでは対応しきれなくなり、2006年に、神奈川県の茅ヶ崎工場内に新たな「UD研究所」を開設しました。ユニバーサルデザインでは国内最大規模の研究施設です。

大学や他の企業との連携をするうえで、そして時代の先端にいるお客様に接するためにも、首都圏に近い場所がいいと考えました。現在は茅ヶ崎で研究開発を進めています。

茅ヶ崎のUD研究所は、研究開発のほか、商品の使いやすさを検証する設備を充実させ、一度に複数の検証、評価ができるようにしました。用途別に九つのスタジオがあり、お客様の行動や気持ちを観察、検証し、商品開発に生かしています。

施設の中心となる「生活シーン検証スタジオ」は、トイレ、洗面所、キッチンなどを設置できる、テレビドラマの撮影スタジオのような空間です。顔を洗ったり、調理をしたりするときの人の動きを、横からはもちろん、天井のカメラで上から撮影することもでき、どんな動きをしているかもわかります。動きを観察することによって、お客様自身が意識していない潜在ニーズを見つけ、商品開発につなげていきます。

「ライティングルーム」は、照明の変化によって商品や空間の色が人にどんな効果を与えるのかを研究する施設です。昭和40年代と現在の住空間を比較できる「リビングラボ」では、バリアフリーの発想がなかったころの住宅の段差、狭い廊下、バスルームの冷たい床などを体験できます。

「シミュレーションルーム」は、床や壁が動くようになっていて、トイレや浴槽の高さ、空間の広さを変えることができます。体格や身体状況の異なる人たちに使いやすい位置やサイズの検討に使われます。

ＴＯＴＯオリジナルの「老化シミュレーター」を装着すると、視覚、聴覚、手足の動きなどが制御され、高齢者の疑似体験ができます。東京大学と共同開発した特殊なすりガラスを使い、低視力状態を体験できる「ぼやけシミュレーター」もあり、最先端の機器を導入しています。

商品開発には、子供、親子、高齢の方、車いすを使っている方、視覚障がいの方など、年代も身体状況も違う方たちに社外モニターとしてご協力いただいています。お風呂やトイレは最もプライベートな秘密の空間ですから、人がどう動いているのかはわかりません。モニターの方に普段どおりの動作をしてもらって、そこからヒントをもらいます。例えば、高齢の方にトイレに座る動作、立ち上がる動作、お風呂に入る動作をしてもらい、それを撮影します。すると、手すりを付けたほうがいいのか、付けるならどの位置がいいのか、といったことがわかります。

事前のヒアリングでは「私は手すりなんかいりませんよ」と言っていた人が、実際の動作では、壁に手をついて体を支えながら浴槽に入っていたりします。それを見ていて、ここに手すりがあったほうがいいだろうと、付けてからまた入浴の動作をしてもらうと、「これは便利でいいね」と言っていただけます。

つまりは、お客様が意識していないニーズを開発者が発見する場なのです。ですから小さな「気づき」も見逃せません。トイレや入浴の他にも、洗顔、歯磨き、料理など、水まわりでの行動を細かく検証していきます。

こうした研究所での一つ一つの積み重ねは商品開発に反映されます。例えば、ＵＤの商品開発は、次の「ＵＤサイクル」という流れにのっとって進めています。

ニーズ調査（お客様に話を聞く、自宅を訪問する等）

↓

問題点の検討

↓

生活シーン検証（試作品をテスト）

↓

結果を反映して発売

↓

購入者の使用実態を調査

↓

結果を商品に反映

この「ＵＤサイクル」により、段差がなくやわらかい浴室の床、ゆったり洗顔できる洗面ボウル、大きな鍋もらくらく洗えるシンクなどが実現しています。商品の最終的な満足度は、使い始めて何年かたたないとわかりません。どんな人にも「使ってよかった」

と評価される商品を開発していきたいと思っています。

ＵＤ研究所はモノづくりの場であると同時に、ＴＯＴＯグループの開発者などの研修の場でもあります。人間は一人一人、年齢も体形も異なります。頭の中だけで考えていても、なかなか相手の立場にはなれません。そのためシミュレーターをつけたり、昔の住まいを疑似体験したりして、ＵＤ感覚を養ってもらいます。

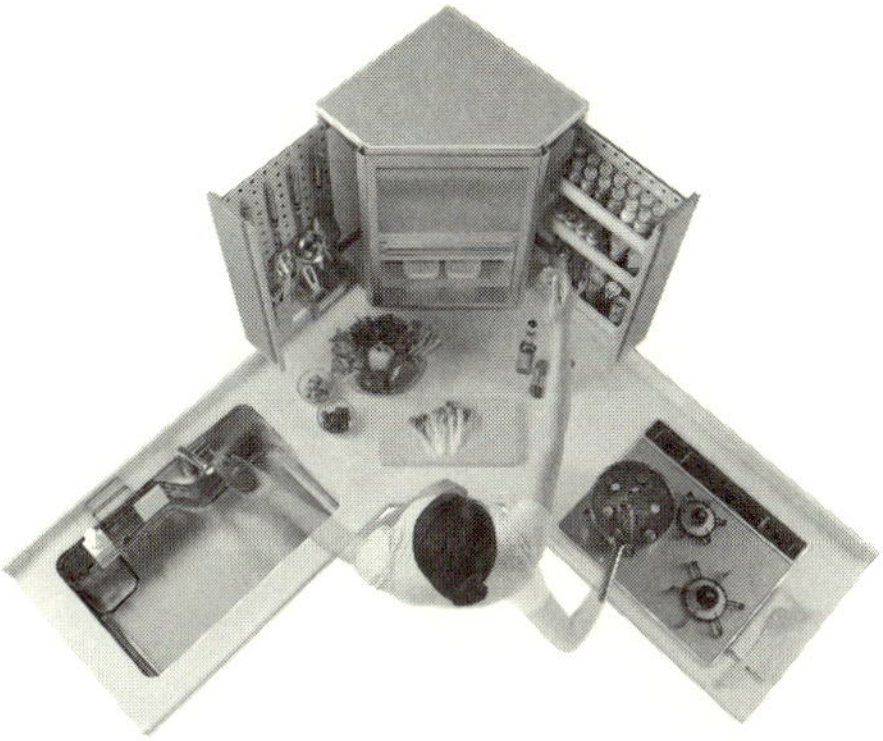

システムキッチンのA型プランは、調理作業の動線が短く効率よく作業ができるユニバーサルデザイン設計。この考え方は一般的なI型やL型のキッチンにも生かされている。

それによって新たな発想のヒントを得ることができ、お客様の現状を実感することで多くの「気づき」を得ます。すると自信を持ってお客様に開発コンセプトを伝え、新しい生活シーンを提案することができます。

さらに、ＵＤ研究所は産学連携の研究や、海外の専門家とのネットワークの拠点にもなっています。例えば、先ほどの「ぼやけシミュレーター」は、東京大学先端科学研究センターバリアフリープロジェクトとの共同研究で開発しました。低視力の人に「ウォシュレット」のリモコンがどう見えているのか、といったことを知ることができるので、商品開発に生かしています。ユニバーサルデザインの研究者とも協力しています。

ユニバーサルデザインの世界的な第一人者、アダプティブ・エンバイロメンツのヴァレリー・フレッチャー所長には、開所時にスペシャル・アドバイザーをお願いしました。リオデジャネイロでの国際学会や、茅ヶ崎のUD研究所を来訪された際に、いろいろなお話を伺いました。アメリカ北東部の高齢者はバスルームの中のトイレよりも日本のように独立したトイレを欲しがり始めているなど、興味深いお話もありました。

使うだけでエコになる商品＝節水、省エネを追求

TOTOが扱うのは水まわりの商品ですから、水に関する環境保全にはとくに力を入れています。当社の商品を使っていれば、意識しなくても環境に貢献できる商品を目指

しています。お客様の気付かないところに、エコロジーのためのさまざまな技術が使われています。当社は渇水が発生しやすい福岡県に本社があることから、もともと節水への意識が高く、節水技術は大きな強みになっています。

トイレの洗浄水量を見てみましょう。1965年ごろは一回20リットルも使っていました。1976年に13リットルに減らし、その後は10リットル、8リットル、6リットル、5・5リットルときて、2009年に4・8リットルを実現しました。現在は床方向に排水する場合に限り、3・8リットルまできています。

13リットルに比べると、4・8リットルは約71％の節水になります。四人家族で使った場合、一年で浴槽約223杯の水が節水でき、水道料金は約1万4200円お得になります。洗浄ボタンは「大」と「小」のほか、トイレットペーパーを流さない男性の小用時や掃除のときのための「eco小」ボタンを付けました。これは一回につき「小」より200cc少ない水で流すことができます。わずかな量のように思えますが、年間では2リットルのペットボトル約219本分の節水になります。

実は日本の家庭で最も水の使用量が多いのはトイレです。2位は風呂、3位は炊事、4位が洗濯です。トイレでの使用量を減らせば、効率よく水資源を保護し、上下水道の供給・処理時に排出されるＣＯ$_2$も削減することができるのです。

日本は水が豊富にあり、いくら使っても構わないように思えますが、データをよく見ると、決して安心していられる状況ではないことがわかります。確かに降水量は多いものの、利用できるのは河川に流れこむ水の一部です。急流が多いので、雨が降っても水はすぐに海に流れてしまうのです。しかも人口密度が高いため、一人当たりの水資源は世界平均の半分以下にすぎません。日本の高い技術力によって効率よく水を供給しているだけなのです。

地球規模で見ると、私たちが利用できる水は地球上の水のわずか0・01％です。水の97・5％は海水で、２・５％は淡水といっても北極や南極の氷が多くを占めています。人口の急激な増加や新興国の発展に伴って水不足が問題になり、各国でトイレの洗浄水量の規制が始まっているのです。

例えば、アメリカでは1992年に「エネルギー政策法」が成立し、洗浄水量6リットルという厳しい上限が決められました。当社の海外向け製品では早くから6リットルを実現していましたが、日本で同時に実現できなかったのは、トイレから下水本管までの配管のカーブや勾配が複雑なためです。水が少量だと、便器の中はきれいになっても、便器から下水本管までスムーズに流れない危険性があったのです。

下水本管までしっかり流れるように研究と検証を繰り返した結果、国内でも2006年に6リットル、2012年には3・8リットルまで減らすことに成功しています。

「ウォシュレット」も最初はおしりを洗うのに多量のお湯を使っていましたが、今は水玉を連射する「ワンダーウェーブ洗浄」に変えて節水をはかっています。

水を大小の玉にして連射することで、洗い心地をアップさせ、水量を半分以下にしました。大きな水玉で十分な洗い心地を、小さな水玉で強さを感じるように、粒の大きさと連射の強弱を調節し、洗浄感と節水を両立させています。おしり洗浄、ビデ洗浄とも、「パワフルに洗う」、「やさしく洗う」の2種類が選べるようになっています。水量を減らすことで、温水をつくるための電気代も同時に節約できるのです。

バスルームのシャワーでも、浴び心地と節水を両立させようと、2010年に「エアイン」という技術を開発しました。水の粒に空気を入れながら出すと、水量を減らしても強い水圧を感じ、きれいに洗浄することができるのです。この技術は省エネ大賞の「省エネルギーセンター会長賞」とエコプロダクツ大賞の「エコプロダクツ大賞推進協議会会長賞（優秀賞）」をダブル受賞しました。

コストや製造のしやすさだけではなく、ユニバーサルデザインやエコロジーについても真剣に考えなくてはならない時代になっています。

第5章

快適な生活文化を世界に広める

18の国と地域に拠点を置く

ＴＯＴＯは現在、日本、アメリカ、中国、マレーシア、ドイツ、イギリスなど、18の国と地域に拠点を置いてビジネスを進めています。

グローバル展開の基本方針は三つあります。一つは、海外を単なる生産拠点や市場とは考えず、市民の一員として現地に根を下ろし、生活文化の向上に貢献することです。二つ目は、地元の企業として認められ、なくてはならない会社になること。そして三つ目は、その土地の習慣や文化に合った、ＴＯＴＯらしい水回り商品を提供することです。

東洋陶器という社名で創業されたＴＯＴＯは、当初から海外市場を視野に入れ、欧米、アジアに商品を輸出していました。戦後は国内市場が中心でしたが、１９７７年にインドネシアに合弁会社を設立しました。その後、アメリカ、中国、タイ、台湾、メキシコ、マレーシア、韓国、ベトナムなどに生産や販売の拠点を置き、現在はインド、ブラジルにも力を入れています。

新興国では主にハイエンドのお客様にターゲットを絞っています。我々の技術が最も生かせるのはハイエンドの商品ですし、その国でいちばん喜ばれる領域に行きたいからです。現地で大量生産されている商品と競っても、その国にずっといてほしい企業にはなれません。「TOTOがいてよかった」と言われる領域がどこかと考えると、自然とハイエンドになるのです。ですから富裕層に向けて、最先端の商品をできるだけ早く提供するようにしています。

海外展開の三つのステップ

海外展開は「ブランドの認知」、「ブランドの浸透」、「ブランドの確立」の3ステップで進めています。

第一ステップでは、空港や五つ星ホテル、ランドマークとなる著名なビルなどに納入してブランド認知を広げます。新興国では新しい建物が次々に建設されますから、そこを訪れる人に使ってもらい、商品のよさを体感してもらうのです。

第二ステップでは販売チャネルを整備し、ディーラーのショールームを強化して、ブランドを浸透させます。

第三ステップでは、大都市に直営ショールームを設置し、セミナーの開催、空間の提案などで顧客との接点を強化し、ブランドを確立します。

インドやブラジルはまだ第一ステップです。水洗トイレは下水道が整備されていないと設置できませんから、ある程度、国が発展してインフラが整っていることが進出の条件になります。インドでは西海岸のムンバイに事務所を置き、有名なビルなど、点から攻めています。インドは急速に発展していますし、ブラジルも2014年のワールドカップ、2016年のリオデジャネイロ・オリンピックでインフラの整備が加速することを踏まえて、営業活動を強化しています。

中間の第二ステップにいるのがベトナムやタイです。販売網がある程度できてきた段階です。

1979年に進出した中国は、すでに第三ステップに入っています。国のVIPを迎える国賓館の「釣魚台」に衛生陶器を納入したことを皮切りに、1994年に北京に合弁会社を設立して本格的に参入しました。2008年の北京オリンピックでは、スタジアムや選手村をはじめ、かなりの物件に当社の製品が採用されました。2010年の上海国際博覧会の主要施設にも納入し、今ではTOTOが中国企業だと思っている現地の方も多いと聞きます。

現在は北京、大連、広州など中国に九つの工場があり、売上は400億円を超えました。とてつもなく広い国ですが、他社に先駆けて、全土に向けたアフターサービスの体制を整えています。2006年には24時間対応のコールセンターを設置し、壊れたらすぐに無料で駆けつけられるようにしました。他社にはなかなか真似できないサービスだと思います。

日本と違って中国では新築マンションを購入すると、内装のないスケルトンの状態で引き渡されます。住む人は自分でショールームに行って住宅設備機器を購入し、業者に取り付けてもらうのです。ですからショールームの役割は非常に重要です。

海外の他の国でもそうですが、中国では主に代理店がショールームを持っています。TOTOの直営ショールームかと思うような規模の大きなものが主流です。海外の別のメーカーの製品を一緒に展示しているところもありますが、大半はTOTO製品しか扱っていません。「建材城」という住宅設備の専門店街のようなところに行ったことがありますが、あまりに広くて驚きました。トイレ、浴槽はもちろん、キッチン、ドア、窓など何でもそろっています。

ショールームでは人気のあるメーカーがいちばん目立つ場所に展示されます。幸いなことに、大抵の場合は当社の商品です。今では中国でナンバーワンの高級ブランドとして認知されるようになりました。あるショールームでは、バスルームのディスプレイにTOTOのロゴ入りのタオルをかけていたら、そのタオルを売ってほしいと言ってくる人が何人もいたそうです。

2012年には上海から約800キロ内陸に入った武漢に、規模の大きな直営ショールームをオープンしました。市場が沿岸部から内陸部に広がっているためです。ここ数年は中国でも中間層の消費者の生活レベルが上がってきていますから、そのお客様に向けた製品を供給していくことも考えています。

中国企業が得意な分野に参入して競争するよりも、めまぐるしく変化する中国のお客様の価値観に応えられる商品とサービスを、いかに迅速に提供していくかに注力したいと考えています。今、消費者が本当に求めているものは何か。そこに意識を向ければ、我々が役に立てることがまだまだあるはずです。コストを含めて、中国企業にはできないけれど、我々にはできることをやっていきたいと思っています。

インドネシアでもすでにブランドが確立しています。インドネシアでは、中国より早い1977年に、現地の会社と合弁会社を作る形でビジネスをスタートしました。当社から進出したというより、現地の会社からオファーをいただいたのがきっかけです。

私も何度もお会いしていますが、当時の社長が優秀な方で、プロモーションはニーズをとらえていて、ショールームも大変美しくすばらしいものばかりです。彼の手腕もあって、日本人の2倍の2億4000万人の人口がいるインドネシアで、TOTOはかなりのシェアを占めています。インドネシアのような暑い国では、「ウォシュレット」のように電気でお湯をつくる必要がありません。電気を使わない洗浄便座「エコウォッシャー」は普及が早かったことも追い風になりました。

アメリカ事業の進退を現地市場を見て判断する

1997年12月、経営戦略室長だった私は、低迷を続ける米国事業を「継続するか」

「撤退するか」を見極めるため、アメリカ本土に出向きました。米国進出以来、累積赤字を重ねる事業を続けるべきか否か、経営層でも判断が分かれていました。状況を客観的に評価するため、現地社員には「単なる視察」と伝えての出張でした。

当時のアメリカは、自国ブランドのコーラー社とアメリカンスタンダード社の2大メーカーがトイレ市場を占めたまま動向変化がない成熟した市場でした。それでもTOTOは、水不足が深刻化していた西海岸のカリフォルニアを中心に、90年代初めに「節水便器」を武器に市場参入していました。先々の市場拡大を睨み、アトランタの工場を買って衛生陶器の現地生産に備えていたのです。しかし、思っていた以上に2大ブランドが浸透していた販売ルートの攻略が難航し、なかなか数字に結びつかない状況が続いていました。

現地に赴くと、早速各所を見学しながら話を聞くのですが、皆それぞれに力を尽くしているのはわかるものの、どうも販売部隊と生産部隊、開発部隊の出向者同士が互いに連携しているようには見えません。日本各所から精鋭を送り込み、独立した組織がいくつもあったところで、組織としての体を成していない、と感じました。

一方で、販売店をいくつも回るうちに、「TOTOは勝てる」という手応えを感じました。当時、競合他社の節水便器は、洗浄水量を制限する代わりに、強力な空気圧をかけなければ流れない仕組みが一般的でした。レバーを引くと轟音を立てて無理矢理に水を流しているようで、ＴＯＴＯでは考えられない雑な作りに思えました。施工後のトラブルも多いらしく、「手離れが悪い」と苦い顔で話す販売店のオーナーに、「ＴＯＴＯの節水便器なら迷惑をかけない」と答え、ますます自信が強まりました。

アトランタからロサンゼルスを回り、ひととおり「視察」を終えた私は、帰国後、出張報告をまとめ、「米国事業は継続すべき」と社長に進言しました。けれども、成功に導くためには体制の再構築が必要なことも申し入れました。そして、日本での販路拡大に貢献した経験豊富な人材を現地トップに据え、物流や情報システムなど、現地組織が自立できるようにするためのスタッフも送り込みました。

こうして現地生販が一体となり地道な活動を続けたことで、ＴＯＴＯ製品を取り扱う販売店が少しずつ増え、加えて、販売店の「壊れない便器」、「静かに流せる便器」が徐々に評判になって少しずつ数字につながるようになりました。ついには、２００２年に「ＮＡＨＢ（National Association of Home Builders）」という米国の公的評価機関がトイレの洗浄性能テスト結果を公表し、その1位から3位までをＴＯＴＯブランドが独占しました。そのニュースが流れてからは、一気にＴＯＴＯブランドの知名度が上がりました。

あのとき、米国出張をしていなかったら、日本で数字を見るだけで事業継続可否を判断していたなら、もしかしたら、私は米国事業撤退に一票を投じ、社長に就任した後も果敢に海外事業を攻めなかったかもしれません。その国の人々の生活に密着した水まわり文化を変えていくことは、相当な覚悟をもって先行投資をし、息長く、粘り強く取り組んでいかねばならないことを改めて経験した出来事でした。

グローバル化する「ウォシュレット」

ここまで見てきたように、中国、台湾、インドネシアではすでにブランドが確立しています。アジアが先行していますが、最近はアメリカも健闘しています。

アメリカでは２０１１年から徐々に住宅着工件数が上がってきて、完全に黒字になりました。アトランタの工場に加え、２００６年にメキシコにアメリカ向けの生産拠点を置き、順調に稼働しています。TOTOはその国で作ったものをその国で使う「地産地消」を基本としていますが、不足が出た場合はアジアの工場などから調達しています。すでにグローバルでグローバルの供給をする体制ができています。

日本ではトイレの取り付けは業者に頼むのが一般的ですが、アメリカにはDIY（Do it yourself）の文化があります。ホームセンターのような店でトイレを買ってきて、自分で取りつける人が多いのです。故障したときも、部品を買ってきて自分で直します。

前述したとおり、アメリカでは、2002年にNAHBによるトイレの洗浄性能のテストで、1位から3位までをTOTOの製品が独占したことをきっかけに、TOTOブランドの知名度が一気に上がりました。

おかげで便器本体は人気が出たのですが、実は、「ウォシュレット」は苦戦が続きました。「ウォシュレット」は水を使う便器の上に電気を使う便座が載っている商品です。アメリカ人は水まわりの機器と電気製品の組み合わせに拒否反応を示しました。おまけにトイレ関係のCMはアメリカのテレビの3大ネットワークでは流すことができず、宣伝ができませんでした。

日本ではトイレの話で盛り上がることがありますが、欧米では友人同士でも話題にす

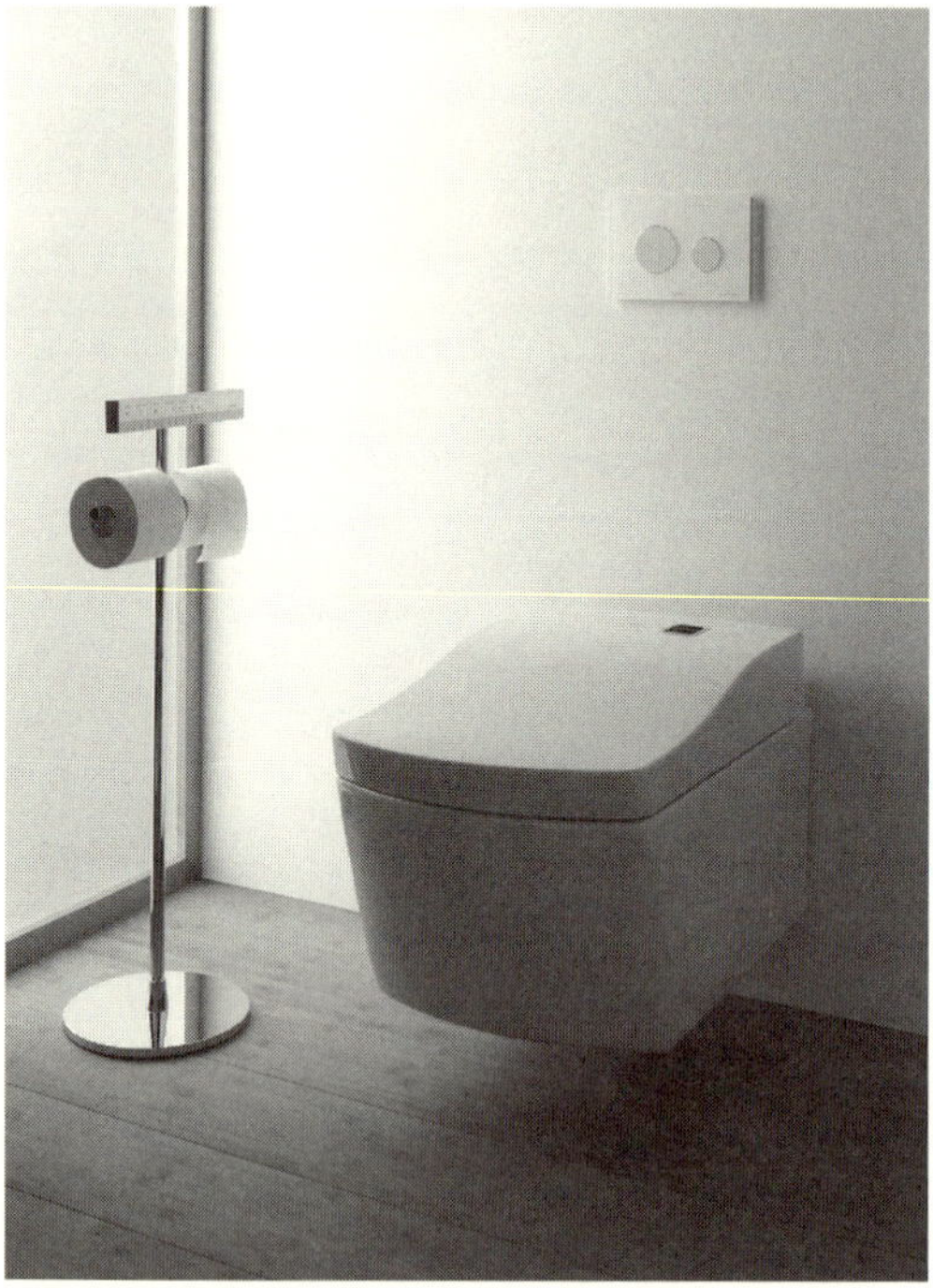

海外向け商品「NEOREST EW」

ることはマナー違反に近いのです。CMはできないし、車と違ってトイレは表立って見てもらう機会がありません。

とはいえ、日本でも30年前はトイレの話はタブーに近いものでしたし、初めてCMを放映したときはクレームがたくさん寄せられました。時代とともに日本が変わっていったように、アメリカの状況も変わっていくでしょう。実際、海外のセレブが来日した際、日本のトイレに感動されたこともあり、ファンは着実に増えています。

ヨーロッパ市場は、２００８年にドイツのデュッセルドルフに現地法人を設立し、ドイツ、フランス、イギリスでコツコツと知名度を上げているところです。２０１０年にはロンドンに直営のショールームをオープンしました。デザイン事務所や高級インテリアメーカーのショールームがあるエリアを選び、高級感のある空間を演出してハイエンドを狙っています。

ただ、新しいビルが次々に建つアジアや新興国と違って、ヨーロッパは新築が少なく、有名なビルに納入して一気に知名度を上げる作戦がとれません。おまけに石造りの建築という壁もあります。

新築物件に「ウォシュレット」を取り付けるのは簡単ですが、何百年も前に造られた石の家となると一苦労です。電源を取るために石の壁を削らなくてはなりません。トイレが個室として独立していればまだ工事しやすいのですが、水を使うシャワーや浴槽と同じバスルームの中にあるので、電気を使うことに余計に神経質になるのです。

あるときパリの有名なホテルに行ったら、地下のバックヤードに「ウォシュレット」が20台ほど置いてありました。一週間空いた部屋に順番に付けていくそうです。石の壁をガリガリ削って設置するので、日本では数時間で済む工事に一週間かかっていました。

中国もアメリカも黒字になるまでに10年以上かかりましたから、ヨーロッパも長いスパンで見ていくことになるでしょう。おそらく、どこかの時点で意識が変わって、「おしりをお湯で洗うと気持ちいい」という世代が出てくると思います。

日本の「トイレ文化」を輸出していく

もともと西洋の衛生的な陶製の便器を見て、日本で製造を始めたのがＴＯＴＯの創業者たちでした。それ以来、私たちは清潔なトイレ文化を作り上げてきました。ここまで清潔になりました、ここまで快適になりました、ということを、今度は世界にお返しする番です。そのためには、「ウォシュレット」がいいですよ、と単体で勧めるのではなく、日本のトイレ文化、トイレ習慣を輸出していくのがいいのではないかと思っています。

安全で清潔な日本の文化をＰＲできる絶好の機会が２０２０年の東京オリンピックです。日本の快適なトイレやお風呂を体験してもらい、自分たちの知らない世界があることを知ってもらうチャンスです。日本でもそうでしたが、「ウォシュレット」は体験しないとよさが伝わりません。気持ちのよさは世界共通だと思いますから、ぜひ体験してもらいたいと考えています。宿泊施設や競技施設がショールームのような役割を果たすことになると思います。

中東もまだこれからです。ドバイの事務所では、従業員もお客様も、国籍、宗教はさまざまです。ターバンを巻いたお客様から水栓金具は金色じゃないといやだと言われたり、いちばん高価な浴槽を見たいと言って大富豪がショールームにやってくることもあり、できる限り希望に合わせて対応しています。日本で売れているものが、必ずしもその国の人に魅力的に映るわけではありません。基本的な技術開発の部隊は日本に置きつつ、現地で好まれるデザインや形は現地で作るようにしています。応対する従業員も、その地域の感覚がわかる現地の人を採用しています。

中国、アメリカ、ドイツ、イギリスなど、各地の現地法人を訪ねましたが、どの国に行っても感じるのは、現地の従業員が非常に真面目だということです。北京工場のある女性は、TOTOの企業理念を墨と筆でなんと旧字体で書き、それをコピーして中国の各工場に送っていました。また大連などでは幹部職員のほとんどは日本語が堪能ですから、通訳は必要ありません。勤続年数も長いのです。

モチベーションの向上は非常に大事ですから、ローカルの管理職をどんどん増やし、課長、部長クラスは100％現地の人にして、最終的には現地法人の社長も現地の人にしたいと考えています。

このように海外進出を進めていますが、日本のやり方ではうまくいかないことがたくさんあります。トイレは住まいの内部にあるものですから、それぞれの地域の文化に合わせた対応が求められ、国ごとに異なる住宅関連の法律もクリアしなくてはなりません。水不足から、節水規制のある地域も多く、節水型の商品を投入して環境に貢献する技術を普及させています。

商習慣の違いという壁もあります。中国には後から商品の代金を支払うという習慣がないので、前払い、現金払いが基本です。請求書払いにしてしまうと、いつまでも支払われないままになることもあるそうです。最初は違いに苦労したと思いますが、今は問題なく対応できています。

必要とされる企業ナンバーワンを目指す

生産体制はそれぞれの国の状況に合わせて整えています。一つの工場で年間50万ピースを焼きますが、それを売り切る予測が立たないうちは、基本的に工場は造りません。工場が先に進出するのではなく、営業部隊が先に行って市場を開拓し、地ならしをしてから出ていきます。

各国の情勢はどんどん変化しています。10年前にベトナムの工場に行ったときは、まわりには工場団地の他は何もなく、道は舗装されていなくてガタガタでした。今は立派な道路ができていますし、都市の発展ぶりには目を見張るものがあります。

北九州市とベトナム第三の都市であるハイフォン市が友好都市ということもあり、私は北九州ベトナム協会の会長として、毎年、企業の方々とベトナムを訪問していますが、2013年に入ってからは、景気が上向いていることを実感しています。アフリカも宗教対立がおさまれば、急速に発展し、中産階級が出てくるでしょう。

今後の課題は、「ウォシュレット」をいかにグローバルに広めていくかです。どの国でもナンバーワンを目指しますが、必ずしもシェアでナンバーワンではなく、必要とされる企業ナンバーワンです。その国の生活と文化の向上に貢献できる企業になって、必要な存在であり続けること。そうすれば結果はついてくるはずです。

肌の色も国も言葉も関係ありません。日本発のトイレ文化がその国に根付き、喜んでもらえることが創業者の描いた夢であり、私にとっても理想の未来像なのです

第6章

正しいことを正しくやる

100年前の創業者たちのDNAを受け継ぐ

ＴＯＴＯは１９１７年に衛生陶器のメーカー、東洋陶器として誕生しました。まだ下水道が普及していない時代ですから、かなり思い切ったベンチャーだったと思います。衛生陶器の製造から出発し、水まわりの住宅設備機器メーカーへと発展を遂げ、２０１７年に１００周年を迎えます。

私は社長に就任する前に、ＴＯＴＯが属する森村グループに関する文献や社史を読み、自社の本当の価値に初めて気づかされました。１００年前の創業者たちのＤＮＡが、現在まで脈々と受け継がれていることを実感したのです。この章では企業理念の重要性や仕事に取り組む姿勢についてお話ししたいと思います。

ＴＯＴＯの歴史をひもとくと、始まりは幕末の福澤諭吉の時代までさかのぼります。当時の日本では、鎖国を解いて開港した横浜港から海外の物資が流入し、日本の良質な金が大量に流出していました。それを憂えていたのが中津藩の福澤諭吉です。

諭吉は中津藩に洋服や靴を売っていた森村市左衛門に、「日本も貿易を行い、出ていく金貨を取り戻さなくてはならない」と話しました。諭吉の思いを受け止めた森村市左衛門は、1876年に日本最初期の貿易商社、森村組をつくりました。これが森村グループの始まりです。

森村組は日本の蒔絵、花瓶、印籠などの骨董品を海外に輸出していました。そのうち洋食器を日本で作ってみたいと、デザイナーや職人をアメリカに連れて行って勉強させました。国産のディナーセットができるまでに30年かかったそうです。

1904年に日本陶器合名会社（現在のノリタケカンパニーリミテド）が設立され、1917年に現在のTOTOにつながる東洋陶器が設立されました。そして1919年には電線の絶縁体に使われる陶製のガイシを生産する日本碍子が設立され、電力需要の増加に応えました。日本碍子で開発された自動車のスパークプラグの事業を別会社に独立させたのが日本特殊陶業です。

こうしてノリタケカンパニーリミテド、TOTO、日本碍子、日本特殊陶業などから成る森村グループが生まれ、現在に至っています。グループの大義はその始まりから、「国と社会の発展」と「国民生活の向上」でした。

さて、東洋陶器の初代社長となった大倉和親《かずちか》は、1903年、製陶技術の視察のためにヨーロッパに渡りました。そこで目にしたのが陶器のトイレでした。日本では汲み取り式の木製便器が一般的で、伝染病で命を落とす人がまだ多かった時代です。和親は清潔で快適な陶製の便器を日本でも作りたいと考えました。

「衛生的な陶器の便器を普及させることは、必ず社会の発展に貢献する」という強い想いから、1912年、父の大倉孫兵衛と私財10万円（現在の10億円相当）を投じて、日本陶器合名会社の中に製陶研究所を設立しました。

大倉和親は、便器を通して社会の発展に寄与するという未来のイメージを、創業時から描いていました。衛生陶器の生産で一儲けしようという前に、日本の生活文化を向上させたい、国力を上げたいという使命感がありました。和親は会社の「定礎の辞」で、「誠実に事に臨むことを誓い、欧州の製品を凌駕し、世界の需要に応えて、ますます貿易を盛んにすることを決意する」と述べています。

しかし、その道は平坦ではありませんでした。試作を何度も繰り返した末、数年後の1914年にようやく国産衛生陶器第一号が完成します。この陶器製の便器を世の中に広めるためには、量産できる工場が必要でした。和親は工場用地に適した土地を探しました。同じ陶器でも、食器は国内の土で間に合いますが、便器の製造には大量の陶石を使います。それに窯で焼きますから、燃料となる大量の石炭も必要でした。

そこで、朝鮮のカオリン、天草の陶石など、良質な原料が手に入りやすく、背後に筑豊炭田をひかえた九州の小倉を選び、広大な土地を手に入れて工場を設立しました。原料の輸入だけではなく、製品を輸出するためにも門司港が近い小倉は好都合でした。

そして1917年、日本陶器合名会社から分離し、大倉和親が初代社長となって東洋陶器株式会社が設立されました。「東洋」という社名には、広い世界を視野に入れた和親の志が感じられます。1921年には地球の上に鷲がとまっているデザインを商標として使用を開始し、1961年まで使われました。世界にはばたくという意味が込められています。

大倉和親は、「良品の供給・需要家の満足が掴むべき実体です。この実体を握り得れば利益・報酬として影が映ります」という言葉を残しています。清潔な空間を提供する、日本製品を海外に輸出して日本のために貢献する、そして誰もやったことのないことにどんどん挑戦する。そこには使命感を持って立ちはだかる壁を超えていく熱さがありました。

需要家に満足してもらうことが第一で利益は結果としてついてくるという、この理念は当社のＣＳ経営の原点となっています。私はＴＯＴＯらしさの源泉である彼の志を、企業理念という形で現代に伝えなくてはならないと思いました。

常に企業理念に立ち返る

私が社長になったのは２００３年、ＴＯＴＯの創業90周年が近づいてきたときでした。企業の寿命は30年とよく言われますが、30年のスパンで考えたとき、大きな節目となる時期です。創業からの90年を30年ごとに振り返ると、設立からの第一世代は衛生陶器の製造販売に専念し、１９４７年（私の生まれた年です）からの第二世代に入る頃には水栓金具と浴槽の製造を始めました。日本は高度成長期に入り、住宅ニーズが高度化、多様化していきました。

１９７０年（私が入社した年です）に東洋陶器から東陶機器に社名を変更し、１９７７年からの第三世代には「ウォシュレット」とシステムキッチンが加わりました。第三世代の終わりに社長を任された私は、その節目を強く意識し、90周年を迎えた2007年に社名を東陶機器からTOTOに変えました。ものづくりだけの機器メーカーから脱却し、需要創造型の企業に生まれ変わろうとしたのです。

グループ会社の社名にもすべてTOTOをつけて、TOTOグループの一員としての意識を高めました。それまでは、親しみやすいように商品のペットネームなどをつけることも多かったのですが、「**TOTO**」というコーポレートブランドの認知や価値の向上を目指しました。

そして、そのために、ブランド戦略室を立ち上げ、「ブランド経営」を強化していきました。ブランド価値をどのように上げていくのかという戦略を立て、またそのイメージを保つために、さまざまなところで、ブランドをどのように使用するのかを規定した「VIマニュアル」も作成しました。商品に関わる名称についても、決定の仕方を決め、ブランドとして認知してもらうべきものに絞ることなどを整理しました。

また、私が社長になってすぐに取り組んだのは、グループ全体の企業理念の見直しでした。それまでも企業理念や社是はありましたが、グループ会社、海外拠点が増えたため、TOTO単体ではなく、グループ全体の理念を改めて明らかにしようとしたのです。

近年は企業再編が進み、グループ経営が増えています。海外進出も加速し、グローバルな視点からの経営が求められています。グループ経営、グローバル経営では、変化にスピーディーに対応しなくてはなりません。海外での人員を強化し、社員以外のマネジメントスタッフを増やせば、グループは属性や立場の異なる人たちの集まりになり、価値観も多様化します。男性、女性、正社員、派遣社員、契約社員といった違いに加え、海外となれば宗教や人種も違います。働く側だけではなく、お客様の価値観も多様なものになります。

グループ内、会社内で多様化が進んでいくと、今まで暗黙知として継承できていたはずの技術が伝承されなくなるのではないか、将来どの方向に進めばいいのか、といった不安が生じます。みんなが同じ方向を向いていないと、会社として大きな力が出せません。多様な人々を一つにまとめ、グループ経営、グローバル経営を進めていくには、共通の価値観、判断基準、拠り所が必要です。それが企業理念です。企業理念を全員に浸透させることは経営上の重要課題なのです。

そんなわけで、国内外のグループの従業員約2万5000人に向けて、受け継ぐべき理念を明文化しようと、2004年に理念体系を再編成しました。TOTOの理念体系

図表6―1　TOTOグループ経営に関する理念体系

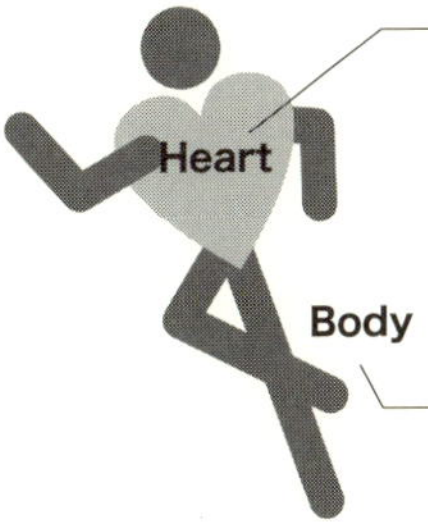

TOTOグループ共有理念

将来にわたって引き継いでいくもの、つまり【心】。「社是」「TOTOグループ企業理念」「TOTOグループ企業行動憲章」から成っています。

TOTO事業活動ビジョン

その時代における進むべき方向性、つまり【体の動かし方】。「ビジョン」「ミッション」「中・長期経営計画」から成っています。

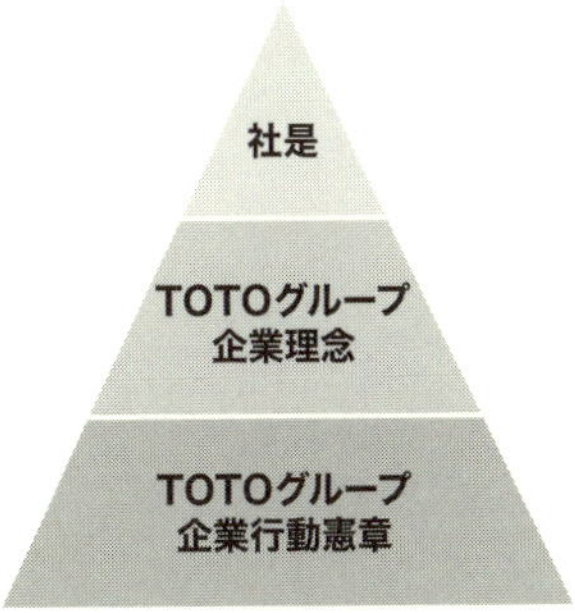

社是
創立者の思想を後世に伝えていくための言葉。TOTOグループの活動の根底に流れる普遍的な思想。

TOTOグループ企業理念
「社是」が伝えようとしている思想を基本とし、すべてのステークホルダーに対して、「企業としての存在目的」「事業領域」「在りたい姿」を示しています。

TOTOグループ企業行動憲章
ステークホルダーの皆様の満足を実現するために、TOTOグループで働くすべての人々の、活動の基本スタンスとするもの。

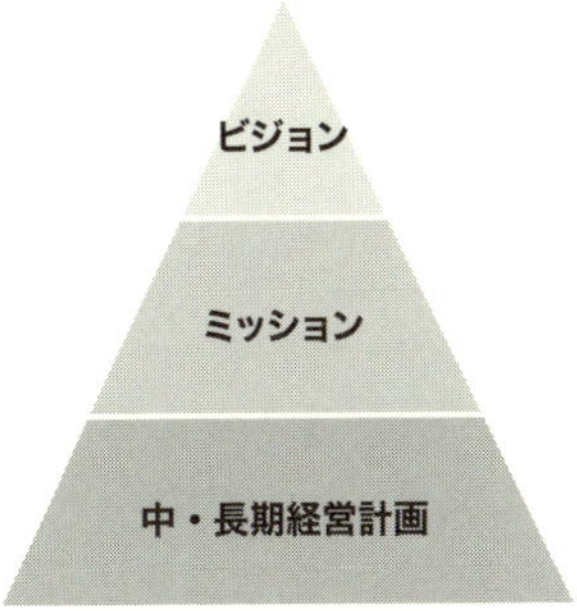

ビジョン
「社是」「企業理念」「TOTOグループ企業行動憲章」をベースに、その時の企業を取り巻く環境を踏まえ、経営トップがTOTOグループの目指すべき将来像を示した言葉。

ミッション
TOTOグループの持続的な成長のために、中期的に実施する最重要事項を意思表示した言葉。

中・長期経営計画
2017年まで、「TOTO Vプラン2017」を推進。

図表6-2-① グループ共有理念

将来にわたって引き継いでいくもの、つまり「心」。

「社是」「TOTOグループ企業理念」「TOTOグループ企業行動憲章」から成り立っています。

「社是」

1962（昭和37）年、創業以来の伝統を尊重しつつ、将来にわたって企業活動の基調になるものとして「社是」が制定されました。「愛業至誠」は、「奉仕の精神でお客様の生活文化の向上に貢献し、一致協力して社会の発展に寄与する」という決意を表す言葉です。

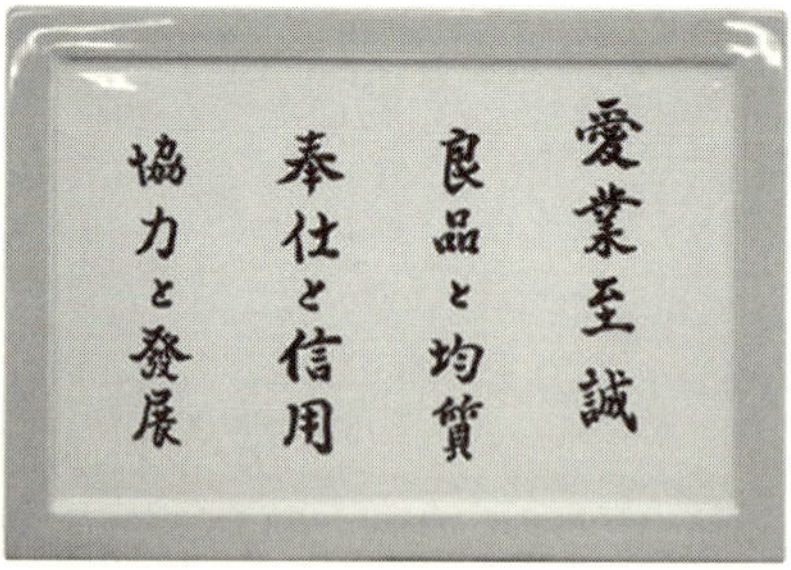

TOTOグループ企業理念

私たちTOTOグループは、社会の発展に貢献し、世界の人々から信頼される企業を目指します。

そのために

- 水まわりを中心とした、豊かで快適な生活文化を創造します。
- さまざまな提案を通じ、お客様の期待以上の満足を追求します。
- たゆまぬ研究開発により、質の高い商品とサービスを提供します。
- 限りある資源とエネルギーを大切にし、地球環境を守ります。
- 一人ひとりの個性を尊重し、いきいきとした職場を実現します。

図表6-2-② グループ共有理念

TOTOグループ企業行動憲章

TOTOグループは、各国・地域において公正な競争を通じて付加価値を創出し、雇用を生み出すなど経済社会の発展を担うとともに、広く社会にとって有用な存在であり続けたいと考えています。その実現のために、TOTOグループで働くすべての人々が社是・企業理念に基づき高い倫理観を持って活動し、社会的責任を果たしていくことを目指します。

この「TOTOグループ企業行動憲章」は、ステークホルダーの皆様の満足を実現するために、TOTOグループで働くすべての人々の活動の基本スタンスとするものです。

（注）Player Satisfaction
一般には"Employee Satisfaction（ES）"と呼ばれていますが、TOTOグループでは、「自立した"個"として社会という舞台で自らが演じる（Play）」という意味を込めて、"TOTOグループで働くすべての人々"の満足を"Player Satisfaction"と定義しています。

1. 私たちは、お客様満足を追求し、地球環境に配慮した安全で誰にでも使いやすい商品やサービスを提供します。
2. 私たちは、透明で公正な行動で良識ある事業活動を行い、政治・行政との健全かつ正常な関係を保ちます。
3. 私たちは、社会とのコミュニケーションを行い、積極的に企業情報を開示するとともに、各種情報の保護・管理を徹底します。
4. 私たちは、働くすべての人々の多様性、個性を尊重するとともに、安全で働きやすい環境を確保し、ゆとりと豊かさを実現します。
5. 私たちは、地球環境問題を人類共通の課題と認識し、企業の存在と活動に必須の要件としてグローバルな観点から主体的に取り組みます。
6. 私たちは、企業市民として、地域や社会に積極的に貢献します。
7. 私たちは、反社会的勢力とは断固として対決し、関係遮断を徹底します。
8. 私たちは、各国・地域の法律の遵守、人権を含む各種の国際規範の尊重はもとより、文化や慣習、ステークホルダーの関心に配慮した経営を行い、当該国・地域の経済社会の発展に貢献します。
9. TOTOの経営トップは、自らの役割としてTOTOグループはもとより、取引先をはじめとするサプライチェーンに対して、企業倫理の徹底を図ります。
10. TOTOの経営トップは、本憲章に反するような事態が発生したときには、自らが問題解決にあたります。

図表6-3　グループ共有理念

「ビジョン」

“強く・明るく・美しい会社”を目指して

強く
お客様視点に立って、世界のどの会社にも負けない事業体質やブランドをもつ“強い会社”を目指します。

明るく
TOTOで働く皆さんが生きがい・やりがいを感じ、お客様とも十分なコミュニケーションが図れる“明るい会社”を目指します。

美しい
高い倫理観をもって、社会から絶対的な支持を受けることができる透明性のある“美しい会社”を目指します。

「ミッション」『UD』『環境』『きずな』

ユニバーサルデザイン、環境への取り組み、サービスを超えるお客様とのきずなの三つのミッションを通じて、“あしたを、ちがう「まいにち」に。” を実現する。

「中・長期経営計画」

創業100周年を迎える2017年には真のグローバル企業となり、新しい「まいにち」を世界中のお客様へ提供し、これからも必要とされ続けるTOTOグループになる。

が他社と異なるのは、企業理念と行動規範を分けている点です。世界中のＴＯＴＯグループの人々が共有しているのが、「グループ共有理念」です。昔から引き継がれ、将来も変わらない「心」の部分です。「社是」、「ＴＯＴＯグループ企業理念」、「ＴＯＴＯグループ企業行動憲章」の三つから成っています。

もう一つの行動規範は、企業理念のもとで具体的にどう行動すればいいかという、「体の動かし方」、すなわち「事業活動ビジョン」です。ここには、将来こんな会社にしたいというビジョン、取り組むべきミッション、中・長期経営計画が含まれます。つまり、創業当時から脈々と受け継がれ、ずっと変わらずに守っていく企業理念と、時代、場所、会社に応じて変化させる行動規範に分けています。二つは縦軸と横軸のようなもので、両方が引っ張り合ってグループが成長していくイメージです。

「社是」は１９６２年に五代目社長の江副孫右衛門が制定しました。創業者の意志を残し、将来にわたって企業活動の基調にするべきものとしています。「愛業至誠」という言葉には、「奉仕の精神でお客様の生活文化の向上に貢献し、一致協力して社会の発展に寄与する」という意味が込められています。また、「ＴＯＴＯグループ企業行動憲章」は、グループで働くすべての人の基本スタンスとなるものです。

企業理念と行動規範を再編成してから、海外の工場を訪問しても、話をすぐに理解してもらえるようになりました。互いに同じ方向を目指していることがわかっているからです。もし何か問題が起きても、企業理念と行動規範に戻れば正しいことができます。

毎朝8時50分、東京のオフィスから海外の工場まで、世界中の拠点で、朝礼の際に企業理念が唱和されています。英語、ベトナム語、中国語、インドネシア語など、地元の言語に翻訳したものが壁にかけられ、国籍も人種もさまざまな人たちが声を合わせています。理念は五つあるので、月曜から金曜まで日替わりで唱和する部門もあります。日本より海外の人たちのほうが真面目に取り組んでいるようです。

少し横道にそれますが、毎日繰り返し唱和するのには訳があります。何度も言わないと伝わらないからです。一人一人の行動の中に理念を宿すためには、わかりやすい言葉で伝え続けなければなりません。

私の実感では、話したことは相手に70％しか伝わりません。私が役員に言ったことが70％伝わり、役員が本部長に伝えると50％になり、その下の部長には30％、課長には10％、担当者には7％ぐらいの内容しか伝わっていないと思います。真面目に伝えようとしてもこうですから、途中にいい加減な人が入ったら、なおさら伝わりません。だから、「その話はもう何回も聞きました」と言う人が出てきても、何度でも同じことを言っています。理念を唱和するのもそのためなのです。

被災地支援活動に取り組む社員たち

うれしいことに、理念の浸透が進むにつれ、仕事だけでなく社会貢献活動にも社員が積極的に取り組むようになりました。

その一つが2005年に始めた「TOTO水環境基金」の活動です。水資源を有効活用し、社会が持続的に発展していくためには、水まわり関連の事業を行う我々が節水技術を向上させることも大切ですが、それだけでは十分ではありません。そこで、「創りだそう！　水と暮らしの新しい文化」をテーマに、水に関連する市民活動を支援することにしました。NPOなどへの経済的な支援のほか、グループの社員が活動に参加したり、情報交換をしたりして交流の輪を広げています。

2005年の第一回は、「水辺の学校」として水質汚染が深刻な印旛沼の浄化や環境保全の啓蒙活動を行っているNPO法人「印旛沼広域環境研究会」、北九州市を流れる紫川の上流域で自然環境を生かしたまちづくりに取り組む「中谷地区まちづくり設立推進委員会」などに助成金を贈りました。以来、現在までに、のべ158団体に総額1億7041万円を助成しています。

中国でもTOTO水環境基金が設立され、節水技術の普及、研究活動への協力、環境団体と共同での植樹などを行っています。

やはり環境系の社会貢献活動では、全グループ社員が参加する「TOTOどんぐりの森づくり」を2006年から続けています。自分たちでどんぐりを拾い、職場や家庭で苗を育て、それを山などに植樹する活動です。植樹した後は下草刈り、補植などの手入れも行います。

どんぐりのなる木は広葉樹です。広葉樹は広い範囲に根を張るので、地盤が強くなり、しっかりと水をたくわえて保水力も高くなります。つまり、どんぐりの森を増やすことは水の浄化や水害を減らすことにつながります。また、どんぐりは動物、鳥、昆虫の食料になるので、多様な生物を育み、森を豊かにしてくれます。

この「TOTOどんぐりの森づくり」は社員と家族が地域の人などの協力で進め、植樹した森は北海道から九州まで現在26カ所に上ります。回を重ねるごとに地元の方との交流も深まってきました。参加することで環境に対する意識を高めることも狙いの一つです。自然に親しみながら、地球温暖化防止、CO_2の削減、生物多様性の保全などに貢献できる活動です。

企業理念が浸透したことを強く感じたのは、東日本大震災のときでした。被害状況が次第に明らかになると、各工場やチームが自発的に東北支社に物資を送りました。東北支社は集まった物資を現地のリモデル店などを通じて被災者に届けました。

社員から集める寄付金は、一過性ではなく、継続的に支援できる仕組みを作りました。毎月、給料日前になると、従業員に寄付の案内のメールが届きます。数字を入れるとその金額が給料から天引きされる仕組みです。

毎月いくらと決めている人もいるし、今月は飲み会が多いから少なめに、という人もいます。5000円、1万円をポンと一回寄付して終わりにするよりも、毎月1000円ずつにしたほうが、長い期間には金額が大きくなります。そういう募金の仕組みを作るように指示したら、社員がすぐに「グループ募金システム」を作ってきました。

集まったお金の使い道は、現地の事情をよく知っている東北支社にも任せています。

仮設商店街のイベント開催の支援を、リモデル担当の課長が即断即決しました。気仙沼の映画祭にも協賛し、地域のリモデルクラブ店とともに参加して喜ばれています。

ＴＯＴＯは震災後の石巻市といわき市にショールームを開設しました。従業員には津波で家族を亡くし、仮設住宅で一人暮らしをしている人もいます。家の新築や改築をするにしても、商品を見るために仙台などの都市まで出るのは大変です。地元で商品を見られるように、また雇用の創出にもなればと思っています。私もときどき被災地に足を運んでいますが、復興はまだまだこれからです。支援を継続していきたいと思っています。

何のために利益を出すのか

「会社の目的は？」と聞かれたとき、「利益を出すこと」では答えになりません。真の目的を導き出すには、「では、何のために利益を出すのか」と突き詰めていく必要があります。単に儲けるため、利益を出すための会社は長続きしません。それよりも、自分の仕事が会社の理念のどこに結びついているのかを考えてもらいたいのです。

同業他社が何をしても関係ありません。他社を気にするような狭い了見では、業界全体が低迷し、自分たちが生き残る道も閉ざされてしまいます。大事なのは、自分たちが理念に向かっているか、組織が本当に理念に合うものになっているか、ということです。

例えば、トイレの節水は、45年前の20リットルから段階的に減らして、4・8リットル、3・8リットルまでできています。お客様が当社の商品を使うことによって、自然に社会と環境に貢献できるようになりました。しかし、節水、節電の一方で、快適さや機能を疎かにすることはできません。快適さと機能をきちんと維持しながら、環境にやさしい商品を作る。それが理念に適合した商品開発です。

企業理念をグループ2万5000人に浸透させるために、何がTOTOらしさなのかを職場で語り合う、「TOTO WAY活動」を始めました。TOTOはどんな会社になりたいのか、自分たちの組織はどうありたいのか、それなら自分の果たすべき役割は何かを議論するのです。その答えは時代とともに変わります。世の中が変われば、それに合わせて自分も変わっていかなくてはなりません。変われなければ潰れてしまいますから、変化に対して素早く反応できるかどうかが勝負です。

日頃からTOTO WAY活動をしていると、自分が何をするべきか常に考えているので、時代に対する感性が磨かれます。時代の変化に気づくのが早くなり、気づいたときはもう遅い、ということがなくなります。その真価は何かが起きたときに現れます。

例えば東日本大震災後に節電が必要になったとき、電力の二割カットをすぐに実現することができました。自分たちはどんな会社になりたいのか、どんなことをしたいのか、常に考えていることが大事です。そこから出てくる行動の結果が、他社に真似できない競争優位を生み、コーポレート・ブランドの価値を高めるのだと思います。

従業員が企業理念を意識する場になるのが、2009年から全社で行っている「工場リモデルフェア」です。地域住民、リモデルクラブ店のお客様、社員の家族などを工場に招いて、見学してもらいます。近隣の人たちはTOTOの工場があることは知っていても、何を作っているのか、敷地内がどうなっているのかは知りません。フェアに来てもらうと、便器だけではなくトータルな生活空間を作っていることが伝わります。

社員の子供にとっては、親の仕事を知る機会になります。「こんなものを作っていたんだ。お父さんすごい！」と家族のまなざしも変わります。社外に向けたイベントではありますが、実は社内に向けた効果も大きいのです。

というのは、工場の従業員は、普段は自分が担当する製品をひたすら作っています。今日は何十個できたという世界です。フェアは彼らがお客様に接する数少ない機会です。いつもは一つの製品だけを作っている人が、当社のすべての製品について勉強し、お客様に説明します。

すると、同じ社内にこんなものを作っている人がいるのかと、初めて気づき、TOTOという企業のよさを知って感動します。自分の仕事が何のためにあるのか、会社全体の中でどんな役割を果たしているのか、どんな価値があるのかを理解するのです。これは言葉で言われただけでは伝わりません。

タイルを作っている人がキッチンの説明もしないといけないので、最初は大変だったと思います。モノづくりをしている人たちですから、人前で説明をすることには慣れていません。だからなおさら、自分の説明をお客様が喜んでくださると感激します。自分たちが作っているものが喜ばれていることを実感し、モチベーションがものすごく上がります。

社員もフェアを楽しみにしていてくれて、自主的に盛り上げてくれます。趣味で熱気球の世界大会に出ていた社員がTOTOと書かれた気球に子供たちを乗せてくれたこともありました。お客様に対しては、工場見学のほかに、子供向けのゲームや餅つきなどのイベント、リモデル相談会、水まわりの修理相談も行っています。

三つの視点で自分の仕事を見直す

「何のために利益を出すのか」という話をしましたが、「何のために仕事をしているのか」も、常に自分に問いかけてほしいと思います。仕事の目的には、その目的もあります。目的のその目的のそのまた目的まで、3回繰り返して考えると、真の目的が見えてきます。仕事の目的は、究極は「世界の人々の幸せのため」に行き着きますが、突き詰めて考えることで仕事に対する価値観が変わります。常に根本の目的を考える習慣をつけておかないと、「私は歯車でしかない」と思ってしまいます。

社長になったばかりのころ、組織ごとに職務分掌をつくるように指示したことがありました。各部門が目的と役割を再認識し、そのために何をしているのか、何をすべきなのかを考えることが、全社が一丸となって進むために必要だったからです。

しかし、集まったものには、正直なところ、がっかりさせられました。職務を羅列しただけのものが多く、「自分たちの仕事の目的と役割は何か」という基本的な考察が欠けているのです。中には、「これ以外の仕事はしません」と言わんばかりのものもありました。こんなものは職務分掌ではないと、だいぶつき返してつくり直させました。

セクションによって目的意識にバラつきがあることもわかりました。普段から「TOTO WAY」(TOTOらしさ)、あるべき姿などをしっかり議論している部署の人たちは、きちんとしたものを書いてきますが、日々の仕事に流されているだけの人は、業務の羅列しかできないのです。

「何のために仕事をしているのか」を考えるために、次の三つの立場から自分の仕事を見てみてください。

一つ目は「未来からの視点」です。まず10年後に自分はどうなりたいかを考えます。次に5年後はどうなりたいか、そしてそのために、今から3年間は何をすればいいかを考えます。

現在から未来を見るのではなく、未来から今を見て、逆算思考をするわけです。例えば、3年後にはここまでやりましょうと決めるのが中期計画です。現在の売上から毎年

3％ずつ足していって、3年後の売上を計算したものは中期計画とはいえません。極端に言えば、50年後から振り返ったとき、現在やっておかねばならないことは何かを考えるわけです。

二つ目は、最低限「2ランク上の立場から見る」ことです。係長なら部長、課長なら役員、部長なら社長の立場になって、広い視野から自分の仕事を見てみます。

当社では幹部候補を集めてリーダーを育成する「経営塾」を行っていますが、そこでリーダーコースの塾生は自分が社長になったらどんな会社にしたいかを考えます。社長に就任した初日の挨拶で社員を前にどんな方針を宣言するのか、発表するのです。リーダーにはそのぐらい広い視野が求められます。

優秀な人はいきなり社長の立場から見ることができますが、普通はなかなかできないので、少なくとも2ランク上から見てみます。前に旅費交通費の精算にコンピューターを導入したとき、自分の仕事がなくなるのではと不安を感じて抵抗した課長の話をしましたが、もし彼が2ランク上の立場になって考えたら、経費精算はコンピューターがやればいい仕事だとわかったはずです。

三つ目は「お客様の立場から見る」ことです。いよいよ迷って、どれがいいかわからなくなったときは、お客様の立場から考えれば、決して間違えることはありません。自分と逆の視点から見ることによって、自分たちの仕事がお客様や社会に貢献していることもわかってきます。

「未来から」、「2ランク上の立場」、「お客様の立場」という三つの視点を持てば、自分がやろうとしていることが正しいかどうか、客観的に判断できます。上司の評価だけを気にするのではなく、三つの視点から見て、正しい行動をとってほしいと思います。

「正しいことを正しくやる」

私はいつも「正しいことを正しくやれ」と言っています。仕事には正しいことと間違ったことがありますから、自分たちがやろうとしていることが正しいのか、常に自問する思考習慣が大切です。そして仕事の進め方にも、正しい方法と間違った方法があります。これを図のように横軸と縦軸にとってみると、最も望ましいのは、「正しいことを正しい方法で行っている」です。次は「正しいことを間違った方法で行っている」。こ

図表6-4 「間違ったこと」を「正しい方法」で行ってはいけない

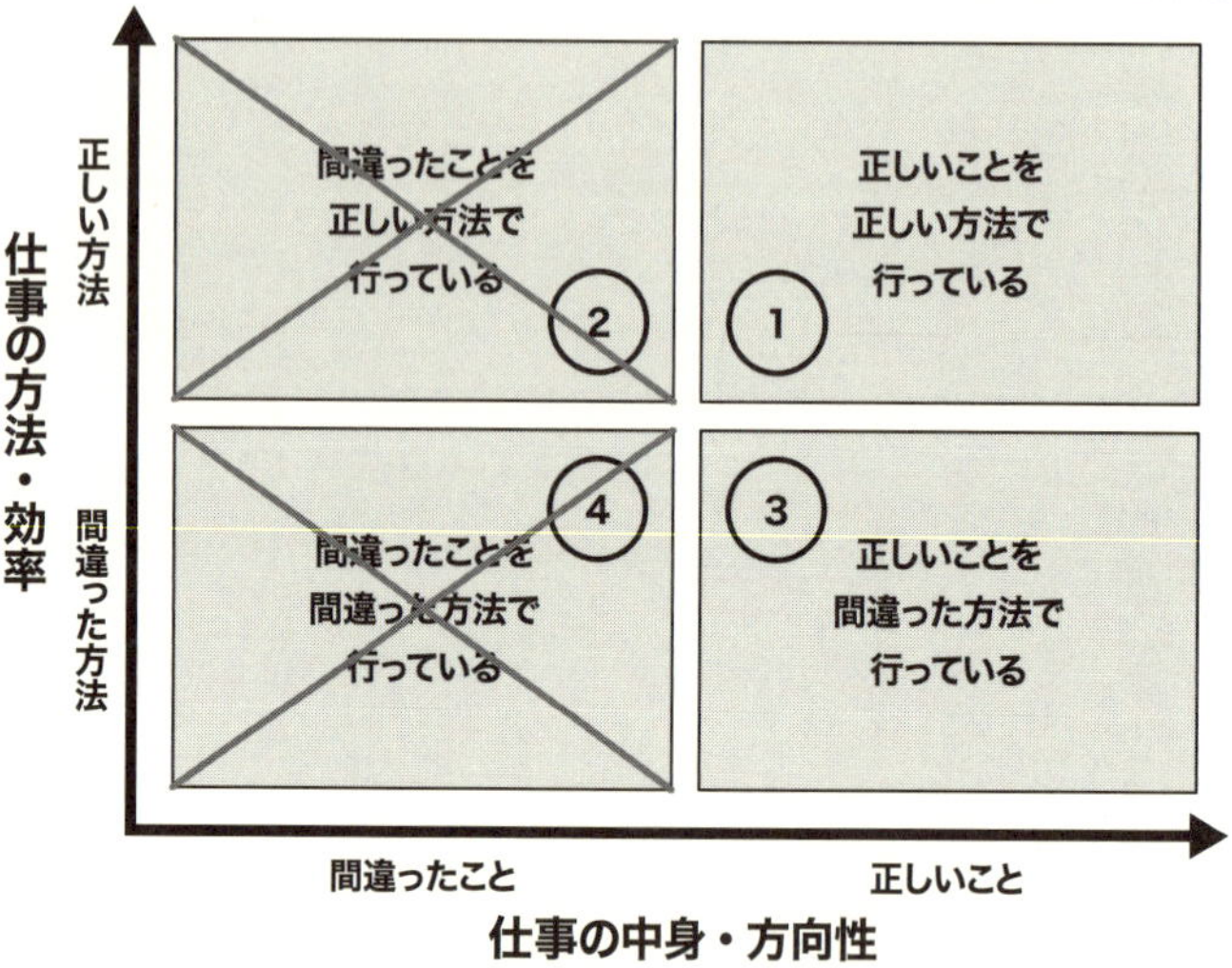

れはやり方を修正すればいいだけで、あとは効率の問題ですから、被害も小さくて済みます。

いちばん困るのは、「間違ったことを正しい方法で行っている」です。方法が正しいために間違ったことをやっていることに気付くのが遅れ、被害が大きくなって、手に負えなくなる場合も少なくありません。

よくあるのが、手段が目的化してしまう場合です。コストダウンのために工場の無駄なスペースを減らすとき、通路を狭くしすぎたためにケガ人が出ては本末転倒です。面積を小さくすることが目的化してしまい、よい製品を作り出す工場、みんなが安全に作業できる工場という根本が忘れられてしまいます。

とくに中間管理職は、ややもすると実績を上げることに目がいって正しいことを見誤り、間違ったことを正しく行うケースが見受けられます。管理職だけに正しくやることには長けているため、上司から言われたことを鵜呑みにせず、正しいかどうか自分で判断しなくてはなりません。

「正しいことを正しくやる」ためには、自分の仕事がお客様にどんな価値を生み出しているのか、正しいことは何か、常に理念に立ち戻って考えることが大切です。何かをすれば必ず反対する人が出てくるものですが、自分が正しいと思えれば、自信を持って進めることができます。

当社の創業者は、国民のために清潔な空間を提供する、海外に輸出して日本に貢献するという高い志を持っていました。我々は清潔なトイレを使ってほしいという思いから、まだ需要が十分に増えていない段階であっても、ベトナムやインドに進出しています。「衛生的な陶器の便器を普及させることは、必ず社会の発展に貢献する」という創業の精神は今も受け継がれています。

その上、創業者たちは誰もやったことのないことに挑戦しました。そのスピリットも受け継がなくてはなりません。どんな会社も最初はベンチャーですが、創業から時間がたつと、多くの会社は原点を見失っておかしくなっていきます。世の中の風潮に流されて違う方向に行ってしまうのです。利益だけを求めたために倒産した会社は数知れません。

自分たちにしかできないこと、自分たちだからできることを常に意識して、価値ある事業を展開しなければ、すぐに必要とされない会社になってしまいます。他社の商品でもいいと言われる会社は、不要な会社ということです。幸い、我々の製品はデジタルの世界とは違って一つ一つ手作りの陶器なので、他社にはなかなか真似ができません。

もし業界各社が似たような商品を作っていたら、どうなるでしょうか。価格競争に陥って利益が出なくなります。そこにコスト面で優位にある新興国の企業が参入すれば、ますます競争が厳しくなります。コストで負けていると、そのうち技術でも追いつかれ、新興国の企業に市場を奪われてしまいます。生き残るには、他社と同じことをするのではなく、自分たちの持つ本当の強みを伸ばしていくことだと思います。

長寿企業になるための三つの条件

日本には創業100年以上の会社がおよそ5万社あると言われています。そのうち創業200年以上になると3000社です。これらの会社は、なぜ長寿企業になれたのでしょうか。答えは次の三点だと思います。

第一に、提供している商品やサービスがお客様に信頼されているからです。お客様のニーズを理解し、期待に応え続けています。

第二に、理念や哲学、あるいは技術を伝承していく仕組みが確立しています。何を伝えていくべきなのかが明確になっていて、しかも言葉の上で伝えられるだけではなく、行動に根差した伝承がされています。会社の体制に特長があるのです。

第三は、常に新しい提案をしていることです。本業から大きく外れてはいないけれども、時代の要請に応じて、新しいことに挑戦しています。自分で自分を変革しているのです。

私は常にTOTOは「何のために存在する会社なのか」、「世の中からなくなったら困る人はいるのか」、「社会にとって必要な会社であり続けるにはどうしたらいいのか」を問い続けてきました。企業の価値は、「顧客から見た価値」、「働く人から見た価値」、「株主から見た価値」の三つをすべて満たしていなくてはなりません。よい商品を提供する、売上や利益を拡大する、株価を上げる、という有形の価値は大事ですが、「TOTOが好き」、「働いていて楽しい、誇らしい」、「いい会社だ」と思われる無形の価値も重要です。

有形、無形の価値を上げ、業績アップにつなげるには、やはりグループで働くすべての人が、仕事に対する価値観、判断基準を共有することです。各部門のミッションを実現するための具体的な行動を自分で考えて実践し、上司はそれを奨励、評価する。それによってお客様の満足度が上がり、コーポレート・ブランドの価値が上がります。

「どうしたらできるか」を考える

企業のなかには合併によって規模を拡大して利益を出すところもあります。10年前には我々もよく、「なぜ合併しないのか、そのほうが儲かるのに」と言われましたが、今はみなさんわかってくれるようになりました。

我々は「TOTOにしかできないこと」、「TOTOだからできること」を徹底的に追求したいのです。大建工業、YKK APとともに、専業メーカーとしてトップであろうとする企業が必要なときに集まって、お客様にいい製品を提供していければと思っています。

合併とリストラで利益を出す会社は投資家にとっては魅力的かもしれませんが、効率の追求は、分数でいえば分母を減らして数字を大きくすることです。我々は分子を大きくして、価値を大きくしたいのです。やはり企業は社是に戻るのだと思います。創業者の意思はDNAのように会社に残ります。それと違うことをすれば失敗します。

仕事では、「なぜなのだろうか」という好奇心を持ち続けることも大切です。自分の世界にしか目が向いていない、好奇心のない人には、お客様の変化はとらえられません。好奇心があると、自然に質問も出てきます。「質問はありませんか？」と言われて、真っ先に手を挙げる人は好奇心の旺盛な人です。

同時に、「どうしたらできるか」を粘り強く考えることも大事です。すぐに「無理」

と言って思考を停止させてしまったら、新しいことはできません。どうしたらできるのか、考え抜いた結果、開発者たちは新しい技術を編み出してきました。人が本当にやりたいと思ったことで、できないことは実はあまりありません。

「為せば成る」は私の好きな言葉ですが、昔風の精神論ではなく、具体的なプロセスを考え、一つずつ達成していけばいいと思います。とことん節水する、お客様になってくれない人をこちらに向かせる。そこには何かしら道があります。あなたの部下が悩んでいたら、自らシナリオを描きアクションを起こしてやる。そうすれば組織はいい方向に変わっていきます。

新規事業のファンを担当していたとき、どうしたらこの技術が生かせるか、どうしたら事業として成り立つかを必死で考えました。新しいことをするときは、「やるのだ！」、「絶対成功させるのだ」という強い意志が必要です。千葉で石油給湯器を担当していたときも、どうしたら売れるかに苦心しました。考え抜いて徹底的にやる。中途半端だと結果は出ません。

営業・セールスのあるべき姿を考える

私は一つの職場にいる期間が短く、2、3年ごとに転勤を繰り返してきました。新しい部門に来て新鮮な目で見ると、仕事のやり方のおかしいところがよくわかります。でも、ずっと同じところにいると、だんだん慣れて当たり前になってしまいます。3年たつとマンネリ化してきます。

私は転勤が多かったために、気づくことが多く、いろいろな改革ができたのだと思います。おかしいところが見えたら、パッパと自分のやりやすいように変えていきました。

その一つが営業の改革です。事業を新築中心からリモデルの需要開拓型にシフトするのに合わせて、セールスのあるべき姿を見直しました。セールスの仕事とは何かを考え、余計なものを排除して、営業マンが本来の業務に集中できるようにしたのです。

それまで営業マンは数字を上げながら雑用もこなす「スーパーマン」を要求されていました。大阪支社長だったころ、営業マンの日報を見ると、一日に3、4件の客先を回るのが精一杯という状態でした。あとの時間は販売代理店からの問い合わせやアフターサービスの手配に追われていたのです。得意先からの問い合わせが続くと、それだけで半日が終わってしまいます。雑用に時間をとられていては、本来の営業の仕事が疎かになります。

アフターサービスは、本来は営業の仕事ではありません。専門の部署が担当したほうが、はるかに満足度が高いのです。また、販売代理店が営業マンの携帯電話に問い合わせをしても、商談中や車の運転中は出られないから効率は悪いし、販売代理店が不愉快な思いをすることになります。やはり変えなくてはと思いました。

そこで、提案のための資料作り、製品の手配、クレーム対応、アフターサービス、問い合わせなどは、新設した営業センターで一括処理することにしました。新体制は中規模で動きやすい北関東支社に導入してテストしました。

販売代理店に対して、「見積もり、工事の問い合わせ、ものが届かないといった問い合わせは、営業マンではなく営業センターに電話してください」と説明したにもかかわらず、販売代理店はそれまでどおり、よく知っている担当の営業マンに連絡してきました。そのほうが気楽だからです。

最初のうちは「営業センターよりセールスに聞いたほうが早い」、「昔のほうがよかった」と言われ、なかなか理解が得られませんでした。既存の体制に慣れている人は、改革に抵抗するものです。

新設した営業センターが不慣れでうまく機能しないうちは多少のトラブルもありましたが、電話応対、問い合わせの回答などをチェックしてセンターのレベルを上げていくと、徐々に信頼されるようになりました。時間はかかりましたが、今ではすっかり定着しています。

この営業改革には、ルート営業をエリア営業に変える狙いもありました。以前は販売代理店にいかに多く売るかがセールスの仕事でした。ルート営業はルートから来る注文を受けるだけですから、本当は人がいなくても機械があればできるのです。しかしリモデルとなると、リモデルクラブ店の社長が困っていることを一緒に解決し、どうすればその店がお客様にリモデルの価値を提供できるかを考えなくてはなりません。

そのためには、それぞれのエリアに張り付いて、地域のことがわかっている必要があります。担当地域に密着し、伸びている販売代理店、工務店などを訪問し、お客様の需要により近いところで営業活動をするようにしました。

販売代理店との役割分担も見直しました。以前はＴＯＴＯがさまざまな業務を引き受けていました。新体制では、ＴＯＴＯは新規開拓と重点顧客に注力し、エリア営業に徹します。一方、販売代理店は、長年のＴＯＴＯファンの小売店、リフォーム店などをフォローすることにしました。見積もり書の作成、簡単なプラン作りも販売代理店で対応できる仕組みを作りました。

お客様は早く的確な対応を望んでいます。そのためにはお客様に少しでも近い販売代理店で解決できたほうがいいのです。販売代理店としても、ＴＯＴＯにいちいち問い合わせるより、自分たちで回答できたほうが信頼され、他店との差別化もできます。

そうかといって、いい加減な対応では困るので、販売代理店が自主的に勉強会を開いて対応のレベルを上げています。ＴＯＴＯのチームが販売代理店を訪れ、プランの作り方や見積もりの仕方を教える出前講習も行っています。販売代理店には、見積もりや簡単な図面が描ける「ＴＥＴＲＡ」という注文システムを導入しています。例えば、金沢では女性社員が自主的に「ＴＥＴＲＡ広め隊」というチームを作り、販売代理店を一店ずつ訪問して、店の従業員に対して講習会を開催しました。

売上数字ではなく、プロセスを管理する

販売代理店の評価方法も変えました。TOTOのセールスが段取りをして、当社の製品がいいという理由で購入するお客様も多いわけですから、販売数＝代理店の価値ではありません。大事なのはお客様に迅速に対応し、きちんと見積もりを出し、図面を描けるかどうかです。評価の基準を販売数からプロセス管理に変更し、どのプロセスまで進んだかによって奨励金を支払うことにしました。

販売代理店との役割分担ができると、営業マンは自分のやるべき仕事が明確になります。そこで営業マンの仕事もプロセスで管理するようにしました。それまでは、担当した販売代理店の売上規模が本人の評価でした。売上の多い店の担当になれば、自動的に評価が上がり、逆なら下がっていました。自分の努力ではないところで評価が決まっていたわけです。

プロセス管理にしてからは、どこまで営業活動をすればお客様がTOTOのファンに

なって製品を採用し続けてくれるのか、段階別に指標を作りました。自分の行く道筋がわかっていれば、確信を持って進むことができます。

例えば、新規顧客を攻略するときは、まず住宅メーカーや工務店、販売代理店のキーマンや社長に会い、提案し、契約を結び、リピートにつなげる、という段階を踏みます。社長に会う場合、地元から東京のショールームなどに連れていくこともあります。営業マンには、「あなたは顧客に対してこの段階まで来ています。ここから2ステップ引き上げるのが、あなたの今期の目標です」と、プロセスの目標を具体的に示し、評価する仕組みを作りました。

実験的にプロセス管理を取り入れたのは、私が大阪支社長だったときでした。当時の岸和田営業所で販売教育部門の力を借りながらやってみました。新規開拓の住宅メーカーにシステムバスを採用してもらう計画を立てたとき、自分がどの段階まで進んでいるのか把握できると、次にするべきことが明確になります。プロセスで管理しないと攻め込むのは難しいのです。

プロセス管理にすると、セールスの問題点も明らかになります。我々は営業全体の売上目標のほかに、重点顧客、リモデルに熱心な販売代理店ごとに売上目標を立てています。目標が達成されなかったとき、プロセス管理をしていれば、どこまで攻めてどこで失敗したかが明らかになります。

というのも、営業マンが月に１００店も２００店も回っているといっても、仲のいい販売代理店に立ち寄っているだけかもしれません。重点的に攻める店を決め、そこに何回行って、どの段階まで進んでいるかを管理すると、数字が伸びない理由がだんだん見えてきます。

その販売代理店の社長がずっと昔にＴＯＴＯと喧嘩したとか、他社のトップと仲がいいとか、豪勢な接待を受けているなど、当社の製品が採用されない理由がどこかに必ずあります。ずっと調べていくと、誰がＴＯＴＯとの取引に反対しているのかがわかります。キーマンが反対しているとしたら、それはなぜか。社長に言われているからか、営業部長に何かあるのか、本当の理由がわかるまで探っていきます。問題がわからないまま、商品の価格を下げても効果はありません。

問題点が明らかになれば、支社長を連れていって説得する、技術担当者が商品の説明をする、ショールームや九州の工場に招くなど、相手に合った解決方法を考えられます。過去のトラブルは誤解から生じたものがほとんどですから、いったんＴＯＴＯ嫌いになった社長も変わってくれるのです。中には最初から出入り禁止というところもあります。それでも毎日通っていれば大抵は話を聞いてくれるし、大逆転になる場合もあります。

つまり、人を管理するのではなく、地道なプロセスをきちんと踏んでいるかどうか、仕事を管理することが重要です。管理というと、みんな人を管理したがりますが、仕事がどの段階まで進んでいるか、プロセスを把握すればいいのです。会社に来てウロウロしていても、仕事をしっかりやっていればかまいません。

とくに間接部門の課長クラスは人を管理しようとする傾向があります。それよりも、「この店を攻略して、いくらの売上を上げる」と目標を決めたら、どうやって攻略するのか、いつまでにどんなことをするのか、プロセスを打ち合わせておくほうが効果的です。

プロセス管理は社員の公正な評価にもつながります。以前、営業マンは単純に売上高で評価されました。しかし担当する店の規模が大きければ、当然、売上は大きくなります。重点顧客で何%増えたか、そのためにどんなことをしたかを見るべきです。そうしないと、新規開拓はまったく評価されなくなってしまいます。

また、リモデルは注文を取るのに手間ひまがかかるわりに、一件十数万円の売上にしかならない場合があります。私は「セールスの価値は単純な売上高ではない。リモデルにおいて、きちんとソリューションを提示できたセールスが評価される」とはっきり言ってきました。

大手の住宅会社、ゼネコンのビルなどを担当した場合、折衝を重ね、設計事務所とやりとりをして、結果が出るまでに数年かかります。その間、評価ゼロではおかしいでしょう。

例えばビルの場合、施主への営業がうまくいって確実に受注できるAクラス、設計段階ではTOTOが入っているけれど、価格によってあとから変わるかもしれないBクラス、どの会社のものになるかわからないCクラスというように物件を三つに分けています。Aはミスがないようにフォローしていれば受注できます。Bはゼネコンへの営業に注力し、Cは相当がんばらないと受注できません。攻め方も評価の仕方も違ってくるのです。

効率優先がもたらすデメリット

問題解決には一時的な応急対策と恒久対策の二つがあります。商品の不具合の原因を探り、直して終わりならいいのですが、もしかしたら構造自体に欠陥があり、恒久的な対策が必要かもしれません。どちらなのかを見定める必要があります。応急対策だけで安心していると、また同じクレームが起きてくる場合があるのです。

以前の不具合の事例では、その時はよかれと思って効率化したことが、結果としてクレームを発生させてしまったというケースが目立っていました。効率優先という従来の企業の論理が、逆に大きな損失を与え、企業ブランドを傷つけることもあります。メーカーにとって、効率化、コストダウンは当然のことですが、安全と品質を大前提として重視することが、長い目で見るとコストダウンにつながるのです。

さらには不具合を起こした部品が何のための役割を果たしているかをブレイクスルー思考でそれは何のためか、それは何のためかと突き詰めて考えていくと、まったく違う解決法が見出されることもあります。

情報は一般論でなく固有名詞が重要

情報で大切なのは鮮度と具体性です。日々のニュースでもそうですが、情報は新しくないと感動が少なくなります。感動が少なくなると、それに対する反応が鈍くなり、本当に大事なことを見逃す可能性が出てきます。誤解も生じやすくなります。

私は経営戦略室長時代に全社のコンピューターシステムを開発し、日報のシステムも立ち上げていたので、大阪支社長になったときは５００人の部下のうち日報を書いていない人がすぐにわかりました。日報からクレームを検索して、早急に対処すべきものを事業部に回すこともできました。

紙の日報を回していたときは、支社長のもとに届くまでに1カ月近くかかり、ひどいときは届かないこともありました。書いた本人が忘れたころに問題があるとわかっても、意味がありません。鮮度のいい情報によって迅速に対処することが勝負を分けるのです。

また、情報は一般論や平均値では役に立ちません。商品コンセプトを決める会議などで、「〇〇という意見がある」と一般論で発言する人がいます。私はすぐに、「それはどこの誰の意見ですか」と聞き返すようにしています。なぜなら、どんな人の意見なのかわからなければ、まったく参考にならないからです。一般論で語ろうとする人には、どこか逃げ腰なところがあります。会議では「一般論ではなく固有名詞で語ること」を徹底しています。

もし商品に異常があったら、原因を調べて不具合を未然に防がなくてはなりませんが、そのためには、いつ、どこで、どの機種がどうしたのか、具体的な個別情報が不可欠です。お客様が商品のどこを気に入ったのか、どこが気に入らないのかも、個別に情報を把握します。「お客様に喜ばれた」というだけでは、どんな人に何が喜ばれたのかわかりませんし、「他社製品に負けている」といっても、どこが負けているのかを具体的に伝えないと意味がありません。

私はかつて、修理や工事でお客様の家に行く社員に、許可をもらって洗面所、風呂、トイレの間取りを書いてくるようにと言ったことがあります。一軒一軒の個別具体的な情報は商品開発に大いに役立ちました。会社を見るときも同じで、平均点だけではあまり差がつきませんが、個別に中身を調べると、その会社らしいところが見えてきます。

「平均点の思考」に頼ると経営判断を誤ります。先ほどのショールームアドバイザーの評価も、平均点で考えると実情が見えなくなるので、満足度が満点の5点だけを見るようにしています。例えば、平均点50点の学生が二人いたとします。一人はすべての学科が50点。もう一人は、国語は満点だけど数学は0点かもしれません。平均点だけ見ていても人の能力はわからないのです。

ダイバーシティの観点からいくと、一つでも満点を取る人間が集まったほうが個性ある会社になるのかもしれません。

平均点は便利な道具なので、つい使いたくなりますが、そこにはあまり意味がありません。平均点でものを見ている会社は、平均点の会社で終わってしまいます。わかりやすいものに頼らず、本質を見極める目を磨いてほしいと思います。

第7章

逆算思考ができるリーダーになる

10年後にどんな会社になっていたいのか

現代のような変化の激しい時代には、変革型のリーダーが求められます。親しくしていただいている花王の元社長の常盤文克さんは、変わらないことは衰退と同義であり、「価値」は変化からしか生まれないと言っています。

まわりの環境が変わっているのに同じことを続けていたら、会社は潰れます。世の中の変化の実態を正確に把握したうえで未来を志向しなくてはなりません。今役立つものは何か、今後も力になりうるものは何か、あるいは不要なものは何か、その見極めが重要になります。

これは物質的な面だけではなく、精神面でも言えることです。私は社長に就任してから、「TOTOは何のための会社か」を改めて問い直し、社内のシステムをだいぶ整理しました。創業者の意思とは何か、本当に引き継いでいかないといけないものは何か、捨て去るべきものは何かを常に考えてきました。

これからの新時代のリーダー像は、描いたビジョンの達成に向けて気持ちを一つにしたチームを作り、多様なメンバーの個性を活かせる人だと思います。そのリーダーの中でもトップになれるのは、まったく未知の世界にみんなを連れていける人です。目の前の沼がどんなに深いかわからなくても部下を連れて入っていく。先が見えないところに飛び込んでいく。そのぐらいの気概がないと新しい事業はできません。

先に「何のために仕事をしているのか」を考えるために、「10年後に自分はどうなりたいのか」という未来から逆算思考をすべきと述べました。

会社の未来についても、リーダーは「10年後にどんな会社になっていたいか」、常に逆算思考で考える癖をつけることです。世の中でもっと必要とされる会社になり、ずっと支持されていくためにはどうしたらいいか、5年先のあるべき姿をイメージし、そこから現在すべきことに落としていきます。

10年後のリーダーを見出す

２００３年に社長になって、自分の一番の役割は「10年後に大きな成果を得る先行投資を行うこと」だと思いました。とくに人材育成に関しては、バブル崩壊以降、投資が先送りされ続けたことにより、入社以降ただ忙しく働くばかりで「学ばぬまま年を重ねた人材」が溢れていて、これはなんとかしなくては、と考えていました。

教育予算を増やす一方で、10年後のリーダーを見出すため「２０２０年プロジェクト」を立ち上げるよう、当時46歳の経営企画部次長に命じました。彼はすべての部門長に呼びかけ、２０２０年に向けて夢のある次世代を語れる中堅リーダーの選出に尽力したようです。最後は面接までして、一緒に議論できそうな明るくタフな中堅層を集めてくれました。

２００３年8月、本社では夏祭りの開催日。祭り会場のグラウンドが溢れんばかりの地域のお客様で賑わう中、隣の研修センターに、全国各所から30代半ばの威勢のよい14

名のメンバーが集まりました。互いに初対面で堅い表情を崩さない彼らに対して、「2020年のTOTOがいかにあるべきか、現状の延長線上の姿を描くのではなく、夢のある未来を描いてほしい」とテーマを与えました。

普段、現場で優秀な彼らにとって「現状の延長線はダメ」、「夢を語る」のは、かえって難題であったようです。経営者は、未来をいち早く捉え、向かうべき道を自ら見出し、強く導く必要がある。そのことをわかってもらいたかったし、彼らに早く経験させたいという狙いがありました。

4カ月の集中プロジェクトの間、彼らには日常業務も手抜きさせず、週末のたびに集まってもらって議論を重ねさせました。次第に彼らの方が没頭し、昼夜問わず時間を注ぎ込んだようですが、体力のあるうちに仲間と議論を尽くすことは、決して無駄な時間にはなりません。〝同じ釜の飯を食った〟15人のチームワークは、その後10年経っても、時に仕事で連携し、時に集まってゴルフに行くなど、強固な絆になったようです。

当時の彼らの提案は、私から見ればまだ突飛な夢とまではいかなかったものの、その後次々に実現させ、その先頭に彼らが立つようになりました。このプロジェクトのリーダーを務めた経営企画部の次長は、10年後の今年、2014年に社長に就任することになりました。他にも取締役、執行役員、海外グループ会社社長など、当時のプロジェクトメンバーが経営の舵取りに参画し始めています。

若き人材に大きなストレッチをかけて育てることは、日本経営ならではの、後に大きな成果を得るための投資だと思います。

リーダーとマネージャーの違い

では、リーダーとマネージャーの違いはどこにあるのでしょうか。

マネージャーには、既知の世界、目に見えている世界で、決められたことを正しく遂行することが求められます。効率よく、正確に行うことが大切です。

それに対してリーダーは、先ほども言ったように、未知の世界、見えない世界を視野に入れ、真に正しいことを追求します。不確実なことやリスクにも挑戦するのがマネージャーとの大きな違いです。

よく部長研修で話すのですが、多くの部下を持つ課長の中には、自分は部長より偉いと内心思っている人がいます。課長は部隊の第一線で戦っている軍曹のような存在です。課長が誤った指示を出せば、全員が危険にさらされます。最前線のリーダーです。

それに対して部長はもっと広い視野を持ち、全体最適化の目で見て指令を出す役割です。自分の部はどこが弱いのか、他の部を助けられるのか、トップの意向や方針を現場の状況に合わせて戦略を立て、目的を達成します。もし助けが必要なら支援を要請しなくてはなりません。部長は〝大課長〟ではなく、まったく異なる役割を担っているのです。

全社を最適化する視点を持てない人が部長になったら、会社は立ち行かなくなります。仮に課長が自分の実績を上げようとして、売上の数字だけを目標にしたら、不必要なものまで販売店に売りつけるかもしれません。売上の数字が増えても、販売店に不要な在庫ができることはグループにとって大きな損失になります。そこを部長が指摘するわけです。

前にも述べたように、管理職が管理しなければならないのは、人ではなく仕事のプロセスです。プロセスを管理すればいいのに、人を管理しようとするから余計なトラブルが起きるのです。

部下が働きやすいようにサポートするのも、リーダーの当然の務めです。会社は舞台であり、社員みんなはプレーヤーです。前述した旅費交通費の精算の効率化や日報システムのように、おかしいことはどんどん変えていかなくてはなりません。問題を察知し、解決方法を考えていきます。できない、無理と思ったら変わることはできません。

私は社長に就任してから、社内情報の透明化を図りました。透明化とは、みんなにわかるようにすることです。昔は会社の業績がどうなっているのか、社員はよく知りませんでした。現在は今月の売上、利益など、かなりの項目をネットで開示しています。数字だけではなく、例えば、広報部が始めた新たな取り組みなども紹介し、どこの部署がどんな仕事をしているのか、会社の中はどうなっているのか、新入社員でも見られるようにしました。

他社に情報が漏れるからと反対する声もありましたが、透明化のメリットのほうが大きいと思います。昔は会社に関する情報を新聞記事で知ることもありましたが、今は社員が会社や役員がどちらを向いているか、何を考えているか、社員にわかるようになっています。

経営塾でリーダー人材を育成

ＴＯＴＯではリーダー育成のために経営塾を開講し、リーダーコース、アドバンスコース、ベーシックコースに分けて研修を行っています。リーダーコースは16人の役員候補、執行役員候補、アドバンスコースは25人の課長級、ベーシックコースは30代の若手50人を選び、毎年メンバーを見直して、将来、幹部になれる人材を育てています。

ＴＯＴＯグループが一つとなって戦っていくためには、グループ会社の底上げも大事なので、現在は若手リーダー向けのベーシックコースにはグループ会社の社員も参加しています。半年にわたり、ＴＯＴＯの社員とグループ会社の社員が一緒に議論したり、プレゼンテーションをしたりして、経営戦略を学びます。自己内省によって自分と向き合い、個人の夢や目標と企業理念を重ね合わせて、５年後、10年後の自分のありたい姿を考え、リーダーにふさわしい心構えを身につけてもらうのです。

リーダー育成の研修は１９９８年度にスタートし、４００人以上の卒業生を輩出しています。その中からＴＯＴＯの執行役員、グループ会社の役員など、数十人が経営幹部になっています。

ただ、本当のことを言うと、管理職に抜擢してから教育しても遅いのです。その人に管理職としての資質が欠けていたら、どうしようもありません。勤続年数や実績で選ぶのではなく、管理職にふさわしい資質を持っているかどうかを見極めることだと思います。

ダイバーシティが強みになる

成熟社会に突入した日本では、お客様の期待以上の商品やサービスを提供することが求められています。しかし多くの企業では、40代、50代の男性の意見や価値観で物事が決まり、どこも同じような発想になりがちです。私は社長になったとき、ダイバーシティに配慮し、それが強みになる会社にしたいと思いました。

かつての日本では、金太郎飴のような均質な人材がいいと言われた時代もありましたが、現代の変化の速いグローバル競争においては、一つの知恵だけでは生き残っていけません。金太郎飴のように均一なものからは新しいものが生まれませんから、平均的な人材ばかりの会社は発展しないのです。三人寄れば文殊の知恵と言いますが、多様な人たちの意見を持ち寄ると、異質なものの中から新しい発想が生まれてきます。

だからチームの中にはいろいろな価値観や考え方の人がいたほうがいいのです。異質な人にはそれぞれに個性があり、一つのことに対してさまざまな反応が返ってきます。今後、外国人が増えれば、ますますそうなるでしょう。

私はときどき経営者の勉強会に行って、さまざまな企業のトップの話を聞いていますが、いろいろな経験をされている方、私たちとは発想が違う方がいて、大いに刺激を受けます。そんな視点もあるのか、ＴＯＴＯはこう見られているのか、と驚くことも多いのです。同じ社内でも、事業部の異なる人、直接部門と間接部門の人がグチャグチャと話し合う中からユニークな発想が出てきます。異質な人同士が響き合って面白いものが生まれます。

ダイバーシティ実現の第一歩として、私は男女が一緒にきちんと働ける環境づくりを目指し、２００５年に「きらめきＰＪ（プロジェクト）」を発足させました。男女を問わず能力を発揮できる職場にするにはどうすればいいのか、女性の率直な視点から課題を洗い出し、具体的な提言をまとめてもらいました。いくつかの提言の中から、新卒採用の男女比50対50と、社長直轄の専任組織「きらめき推進室」の新設を採用し、すぐに実行に移しました。

プロジェクトの一環として、全国から約200人の女性社員を招き、丸の内の東京會舘で「全社女性きらめき大会」を開催しました。講演や懇親会を通して、本社の人も工場の人も部門や立場を超えて横につながり、互いに意識を向上させる機会となりました。地方には異動しない女性も多いので、大変喜ばれました。30人の男性役員を女性の間にバラバラに座らせて、異性に囲まれて仕事をする心細さを少しだけ味わってもらいました。

私は女性も本気で仕事に向かう覚悟を持ってほしいこと、チャレンジしてほしいことを伝えました。ある工場勤務の女性は、毎朝、家の庭から花を切ってきて生けたり、外国からお客様がみえたときに、その国の国旗を買ってきて食堂に飾ったりしていましたが、上司から「自分の評価にはつながらない」、「余計なことだ」と言われ、理解されなかった経験を私に語ってくれました。一つ一つの内容は些細なことかもしれませんが、

2005年に開催した「全社女性きらめき大会」では、全国から約200人の女性を招き、地元に戻った女性たちが「きらめきコミュニティ」を作って活動を始めるきっかけとなった。

普段なかなか接する機会のない人たちと直接コミュニケーションをとれたことは非常に有意義だったと思います。

参加者には、地元に帰ったら自分たちが中心になって女性チームを作り、好きな活動を始めるようにと言いました。優れた活動は部門長が支援する、反対に活動の価値がわからなくて邪魔をする人がいたら、自分が見に行くから直接報告するようにと言っておきました。

地元に戻った女性たちは、それぞれの職場で「きらめきコミュニティ」を作って活動を始めました。「自分たちにどんなことができるか」を話し合い、職場環境をよりよくするために工場の食堂のメニューを提案したり、商品開発に女性メンバーを入れたりと、現在もいろいろな活動が展開されています。活動の発表会をするので、いいアイディアはすぐに他の職場に広がります。

女性が活躍し始めると、見ている男性たちも、がんばろう、新しいことを始めようという気分になりますし、自分たちのチームに女性の力を活用しようという気運も高まります。

先ほどの「きらめきＰＪ」からの提言もあって、私は新卒の採用数を男女50対50にしようとしました。当社は毎年約１００人を採用し、その半分が理工系です。ところが理工系には女性が少なく、とくに我々が採用する機械科などには非常に少ないため、男女比率はどうしても60対40くらいになってしまいます。

それでも半々に近づけたいと思うのは、女性と男性はものの見方が違うからです。ものの見方が違えば、出てくる知恵も違います。私の感覚では、男性はカメラで一枚一枚、写真を撮るような見方をするのに対して、女性はビデオで流れを撮影しているような、連続した見方をします。男性がキッチンの商品開発をして、便利だと思う工夫をしても、調理の流れの中でつながっていないので役に立たないことがあります。

だからキッチンでも風呂でも、開発の途中に女性にチェックしてもらうのです。女性が知恵を出すと全然違ったものができて驚くことがあります。洗面化粧台も男だけで作るとまったく面白みのないものになってしまいます。「ウォシュレット」の事業部でも、女性だけのチームが知恵を出して活躍しています。

近年は出産した女性が職場に復帰するのは当たり前になり、女性社員の数も増えていますから、将来は女性の役員が出てくると思います。管理職には、部下の女性が活躍しているかどうかも、上司の評価の対象になると言っています。

ダイバーシティがどうこうと言わなくても、単純に、自分が全然知らないことを知っている人と話すのは面白いものです。ものの見方にはさまざまな角度があります。自分と異なる人の考え方は、どんな業種においても参考になると思います。

ビジネスがグローバル化している今、多様性を認められる人でなければ生き残ることはできません。私たちの世代は、「私はこう考える」と自分の信念を押し通すことができました。しかし、これからの時代は、新しい価値観を受け入れられない人はビジネスの現場から消えていくでしょう。

日本の価値観だけでは世界の人は動いてくれません。相手の文化や考え方を柔軟に受け止めたうえで、解決策を考えていく。その柔軟性、多様性への対応力がグローバル市場での強みになっていくと思います。

6年間続けた「ブレックファストミーティング」

多様な人たちと仕事をするうえで、重要性を増しているのがコミュニケーションです。私は社長在任中、北九州の本社と家族のいる東京を行ったり来たりしていましたが、北九州にいるときは毎日、社員と一緒に朝食をとる「ブレックファストミーティング」を開いていました。一人で朝食をとるのがいやで始めたところ、意外に楽しくて、社長を退任するまで6年間続けました。

希望する社員は前日までにネットで申し込めば誰でも参加できるようにしました。どんなメンバーになるか、何人集まるかは当日までわかりません。私の朝食メニューはヨーグルト、野菜ジュース、紅茶に黒砂糖と決まっています。社員のほうはコンビニでサンドイッチを買ってくる人もいるし、私の秘書に用意してもらうこともできました。

ある朝は研修で本社に来ていたショールームアドバイザーの女性40人が参加しました。時間は30分なので、一人一分も話せませんでした。そうかと思うと、新入社員と一対一になったこともあります。「えっ、おまえ一人か？」と驚きましたが、向こうはもっとびっくりしたと思います。緊張していましたが、どこで生まれて、今までどんな経験をしてきたのかを話してくれて、とても楽しい時間を過ごしました。

私は若い人も遠慮しないで、思ったことを言い合える風土が大切だと思っています。営業所や工場で懇談会を開くときは、「管理職は出席しなくていい」と言って、極力、若手と雑談をするようにしました。女性社員と、「木瀬さん、本当にあそこに住んでいるんですか？」、「どうして私の家を知っているんだ？」などというやり取りになったこともあります。

また、社内ネットワークに私のオフィシャルサイト「てるＴＥＬＬボード」を立ち上げ、意見を募集したり、工場やグループ会社を訪問した現場訪問記を連載したりして、社員とのコミュニケーションを図りました。

社内では、私が入社した１９７０年から、役職名ではなく「さん」付けで呼ぶ文化が浸透しています。私は社長になっても会長になっても「木瀬さん」です。小さなことのようですが、社内の環境づくりには大事なことだと思います。

今後はますますコミュニケーションが重要になってくると思います。ダイバーシティ、グローバル化のカギはコミュニケーションです。文化や習慣の違う人は、同じ言葉でも受け取り方が異なります。「言わなくてもわかるだろう」と説明を省くことや、「やってくれて当然」と結果のフィードバックをしないのはもってのほかです。

あるとき間接部門に「あの件はどうなった?」とたずねたら、「もう通達を出しました」という答えが返ってきました。通達を出すだけなら機械でもできます。通達を出した結果、相手からどんな反応があったのか、通達の何が守られて、何ができていないのかを把握するところまでがコミュニケーションでしょう。

「必死のコミュニケーション」が欠かせない

当社では毎年、社員の意識調査をしていますが、その中の「管理職と部下のコミュニケーション」についての設問で、ある部門では管理職の70%以上が「コミュニケーションができている」と回答しました。けれども、部下の側で同じ回答をした人は、わずか30%にすぎませんでした。上司から部下への一方通行ということです。本来のコミュニケーションは双方が想いを共有することですが、一方的に指示や説明をしただけでコミュニケーションがとれたと勘違いしている上司が多いのです。

この部門に比べれば、管理職と部下の双方が「50％しかコミュニケーションがとれていない」と答えているところのほうが、まだましです。互いにコミュニケーションに問題があるという自覚があるからです。部下が「コミュニケーションは良好」と思っている職場のほうが健全で、上司が良好と思っている職場には問題があることが多いようです。

双方向のコミュニケーションと同時に、もう一つ心掛けてほしいのは、自分の言葉で話すことです。私は経営方針を上司から部下に伝えるときは、「計画に至る背景や想いまで、自分の言葉に置き換えて話してください」とお願いしていました。部下が自分は何をするべきなのか、しっかり理解できるように話してもらいたいのです。

一方、部下のほうも、自分が実現したい想いがあるなら、声に出して行動を起こさなくてはなりません。説得のための資料を準備し、遠慮しないでどんどん提案してほしいと思います。

お客様も社会も常に変化し、雇用形態は多様になり、国境を超えてビジネスを広げていく時代だからこそ、互いの言葉に耳を傾け、言うべきことは言って理解を深める。「必死のコミュニケーション」が欠かせなくなっています。

私たちは常にトップランナーであり続けたいと思っています。二番煎じでは世界に通用するはずがありません。トップというのは単にシェアや売上高だけではなく、お客様と社会から一番に必要とされる会社という意味です。競合メーカーが新製品を出したときには、さらに先を行く商品を出しているくらいでなければいけません。何がいちばん大事か、お客様は何を求めているかを常に考えていなければ、トップの座は維持できません。

どんな仕事でも、本質を考えることが大事です。自分たちは何のために仕事をしているのか、突き詰めて考えると、不必要な業務、あるいはもっと力を入れなくてはならない業務が見えてきます。一見つまらない仕事にも意味があることがわかります。

そして、「何のための会社か」を突き詰めていくと、「本当に社会にとって必要な会社なのか」という問いに行き着きます。どこが社会に貢献できるのか、徹底的に追求していけばいいと思います。世の中から支持されて、もっともっと必要とされる会社になる。そのために自分たちが何をしなくてはならないかを考え、新しいことに挑戦し続ける。

現状維持は後退しているのと同じです。

企業には成長に向かう右肩上がりのベクトルか、衰退に向かう右肩下がりのベクトルしかありません。いったん右肩下がりのベクトルに入ってしまうと、立て直しは難しくなります。右肩上がりを持続させるためには、未来にあるべき姿を考え、お客様や社会の変化をとらえて先手を打っていくことです。現在の好調は、5年前、10年前にしたことの結果ですから、今から10年先の世の中をイメージすればいいのです。

「何のための会社か」、「お客様と社会にとって必要な会社であり続けるにはどうすればいいのか」。その答えを真摯に求めれば、これからも「TOTOしかできないもの」、「TOTOらしいもの」を提案していけると信じています。

「ウォシュレット」「携帯ウォシュレット」「魔法びん浴槽」「カラリ床」「音姫」「エアイン」「エコシングル」は、ＴＯＴＯの登録商標です。

【著者紹介】
木瀬照雄（きせ　てるお）
TOTO相談役

1947年福岡県生まれ。70年京都大学教育学部卒業。同年東陶機器株式会社に入社、営業事業本部所属。79年柏出張所長、81年千葉営業所長、84年東京支社企画課長、86年営業商品第二課長、90年営業企画課長、92年営業企画部長、94年ファン事業推進PJリーダー、96年取締役経営戦略室長、98年取締役大阪支社長、2000年常務取締役マーケティング本部長、02年専務取締役販売推進グループ長、03年代表取締役社長に就任、06年過去最高の売上を達成、毎日経済人賞を受賞。09年代表取締役会長兼取締役会議長、14年相談役に就任。

市場を創る逆算思考
日本の「トイレ文化」を世界に広げる

2014年4月17日発行

著　者——木瀬照雄
発行者——山縣裕一郎
発行所——東洋経済新報社
〒103-8345　東京都中央区日本橋本石町 1-2-1
電話＝東洋経済コールセンター　03(5605)7021
http://toyokeizai.net/

本文レイアウト・ＤＴＰ……アイランドコレクション
装　丁……………………竹内雄二
編集協力…………………仲宇佐ゆり
印刷・製本………………東港出版印刷
編集担当…………………藤安美奈子

Printed in Japan　ISBN 978-4-492-50257-0